いまの職場、ラスト3か月

「もう辞めてやる！」と
思ったときに読む本

Last 3 months

渋谷文武
Fumitake Shibuya

きずな出版

あなたは1万円札を
シュレッダーにかけたことが、ありますか？

1000

そう聞いたら、多くの人が、

「そんなもったいないことは、しないよ！」

と、言うでしょう。

ところが、これまでにたくさん、1万円札をシュレッダーにかけてきているのです。

私も、あなたも……。

一番怖いことは、
1万円札をシュレッダーにかけてきた
ことではなくて、

いままでの人生で
大量の1万円札をシュレッダーにかけてきたことに、
「気づいていない」ことです。

では、気づかないうちに
シュレッダーにかけてきた
あなたの大量の1万円札とは
何でしょうか？

それは、本書で明かされていきます。

気づかないうちに失った、大量の1万円札。
それを取り戻し、あなたの人生を充実させる。

それも……たった3か月で。

そのために本書は存在します。
では、お付き合いください。

はじめに ――

人生を変える3か月へ、ようこそ

「もう、辞めてやる!」

もしかしたら、この本を手にとって読んでくれているということは、あなたもそう思っているかもしれませんね。

じつのところ、私もいままで、何度も辞めたいと思ったことがありました。

サラリーマン時代、会議室で怒鳴られたとき。

上司からパワハラを受けたとき。

営業に行っても、まったく商品が売れず、多くの企業から汚いものを見るかのような目で断られたとき。

仕事でミスをして顧客を怒らせてしまい、取引停止にさせてしまったとき。

……これでも、まだまだ書き足りません。

サラリーマンを辞めて、独立して会社を起業してからも「辞めたい」は続きました。

インターネット広告を出して、手痛い失敗をして、倒産しそうになったとき。

SNSやYouTubeで露出をすることで、誹謗中傷が増えたとき。

自分がつくったコミュニティで、大好きなメンバーたちが対立したり、私のもとから離れていったとき。

うまくいっていた事業が頭打ちになり、とたんにうまくいかなくなったとき。

相手のためによかれと思ってやっていたことが、逆に相手から非難されたとき。

正直言って、いまも「もう、辞めたい」と思うことが何度もあります。

その都度、私も落ち込んでいます。これは当たり前のことです。

だから、あなたがいま「辞めたい」と思っていたとしても、それは決して恥ずかしいことではありません。


たしかに、気持ちは落ち込んでいるかもしれません。

でも、それでいいのです。

私たちは人間です。楽しいときもあれば、悲しいときもあります。

有頂天になっているときもあれば、落ち込むことだってあります。

むしろ、人生を謳歌《おうか》していると思えばいいのです。


とは言うものの、「辞めたい」と思ったまま、落ち込んでいても何も変わりません。

だから、本書を書きました。

本書では、あなたが「辞めたい」と思ったときに使える、とっておきの武器を授けます。

少なくとも、「辞めたい常習犯」の私は、その都度、このやり方で自分の道を切り拓いてきました。そして、私だけでなく多くの偉人や私のクライアントも、変わってきました。**その経験から間違いなく言えることは、「もう辞めたい」「限界!」と思ったときが、じつは最大のチャンスであるということです。**

本書を読んだあとには、「辞めたい」と思う気持ちは、人生を大きくジャンプアップさせる「チャンス」にしか見えなくなります。

そのために、最初に、あなたにお願いがあります。

いまから3か月、あなたの時間をください。

限界を感じているあなたが、大きくジャンプアップできる鍵が「3か月」なのです。

3か月は、限界を突破し、新しいステージへと生まれ変わるのに最適な時間です。

たとえば、私たちの身体もそうです。

肌の細胞は約28日、筋肉や肝臓などは約2か月、骨の細胞は約3か月の周期で、新陳代謝が正常であれば、新しく生まれ変わると言われています。

身体だけではありません。

次のステージに行くための、準備と行動も同じです。

やはり3か月あれば、十分に生まれ変わることができます。

仮に職場に限界を感じて、ラスト1か月とした場合は、通常の退職と何ら変わりません。退職願を出して1か月後に退職では、引継ぎと有給休暇の消化で、あっという間に終わってしまいます。飛躍するには、時間が足りなすぎるのです。

一方で、半年や1年だと、ラストスパートには期間が長すぎます。「もう限界」と言っているのに、1年は酷でしょう。

そう考えると、やはり3か月がベストです。

3か月なら、ラストスパートで乗り切れる期間です。

3か月なら、ステップアップのための準備と引継ぎを十分にできます。

仮に、独立して新しく講演会をやってみようと思った場合も、3か月あれば、企画を考え、講師としてのトレーニングを積んで、集客するのにも間に合います。
YouTubeを使って、新しい自分の売り出し方などを考えても間に合います。

だから、まずは3か月だけ時間をください。

3か月間は、本書に書かれていることを徹底的におこなってみてください。

それができれば、たとえいま「どん底」だとしても、3か月後のあなたは、人生で絶頂のステージへとハイジャンプすることができます。

自分だけの武器、価値が明確になり、どこでも通用する自分ブランドもできているでしょう。自分のなかで変えたい部分、性格や癖なども変えられるでしょう。

3か月後には、いままでのあなたにはなかった、新しい自分がたくさん手に入っていることでしょう。

さあ、準備はいいですか?

あなたの人生が劇的に変わる3か月の旅の始まりへ、カウントダウン開始です。

人生のカウントダウンは、いまこの瞬間も進んでいる

どんな人間だって、底辺からでさえ這い上がれる！

強制的に成果が出る「劇薬のような環境」をつくれ

目次

「自分」という主人公のことを、あらためて理解しよう

「あなただから……」と言われる最強の仕事術

どこでも通用する、自分ブランドのつくり方

YouTubeを使って、さらに頭ひとつ抜け出そう

いまの職場、ラスト3か月

——「もう辞めてやる！」と思ったときに読む本

第1章

人生のカウントダウンは、いまこの瞬間も進んでいる

あなたの命を数値化してみた

突然ですが、次の数字を見てください。

「700800」

いったい、何の数字でしょうか?
これは、あなたの人生を、強く意味した数字です。
あくまでも平均の数字なので、絶対にこの数字なわけではありません。

でも、目安の数字がないと何も始まらないので、とりあえず数値化してみました。

はい、正解は「時間」です。

７００８００時間。
これは、80年を時間で割った数字です。
人生80年だとしたら、７００８００時間を持っていることになります。

時間とは、私たちの命そのものです。
だからこそ、時間を大切に考えていく必要があります。
80年はあくまでも目安なので、人によって寿命、生きる時間は異なります。
20歳で亡くなる人もいれば、１００歳まで生きる人もいます。
でも、仮に人生80年だとしましょう。
そうすると、７００８００時間になります。

あなたは、生まれてから何時間消費したでしょうか？

残り何時間、あるでしょうか。

参考までに数字を挙げておくと……。


20歳での消耗時間は、175200時間。80年の人生なら、残り525600時間になります。

30歳なら、262800時間費やし、残り438000時間。

40歳なら、350400時間費やし、残り350400時間。

50歳なら、438000時間費やし、残り262800時間。

60歳なら、525600時間費やし、残り175200時間。


さて、あらためて問いましょう。

あなたの人生は、残りあと何時間ありますか？

「ああ……残りの時間、これだけしかないのか」

そう思ったかもしれません。

もしそう思った方は、今日から意識を変えてください。

まだ、それだけの時間があるのです。

次のページから私がお話しする時間と比べたら、あなたにはまだ残り時間がたくさんあるからです。

ここまで読んで、察しのいいあなたは気づいたかもしれません。

そうです。

冒頭の話に出た「1万円札」——それはあなたの時間なのです。

次は、「あなたの人生が、残り24時間しかなかったら……」を考えてみましょう。

今日だけスティーブ・ジョブズになる方法

あなたが人生を最短で変えるために、効果的な方法があります。

それは、毎朝スティーブ・ジョブズになるということ。

スティーブ・ジョブズといえば、アップル創業者でiPhone、iPod、Macの開発や、一時期ピクサーの社長をしていたことなどで有名です。

彼の世界に残した功績は大きい。あのジョブズに、あなたも毎朝なってほしいのです。

彼は毎朝、こう自問していたといいます。

「今日、人生が最後の日だとしたら、今日やることは本当に自分がやりたいことだろうか？」

今日がもし、人生最後の日だったら、あなたは何をしますか？
旅行に行く？
お世話になった人のところに感謝を伝えに行く？
最愛の人と一緒に過ごす？
ほかには？

何でもいい。今日が人生最後の日だったら、あと24時間しか人生の時間が残されていないと知ったら、あなたが今日やりたいことは何？
人生悔いのないように、書き出してみてください。

・あの有名5つ星ホテルのスイートに泊まってみたい
・好きになった子とSEXしたい

・高いけど、一度は行ってみたかった有名レストランに行きたい
・講師として全国講演してみたい
・親を旅行に連れて行きたい
・人生の大切さを語ったメッセージを、本や動画で後世に残したい
・温泉に行きたい
・エジプトに行きたい

これらは、ほんの一例です。
あなたなら、何がありますか？
はじめて考えるときは、1時間くらい、この問いにどっぷりつかってください。
カフェでお茶をしながらでも構いません。
とにかく、人生最後だったら何をやりたいか、じっくり考えて書き出しましょう。

ただし、ひとつだけ注意点があります。

「こんなの1日で実現できないよ」……なんて考えは不要だということです。

・講演で全国行脚する
・豪邸を建てる
・世界一周旅行をする

これらは、時間的に1日ではおさまらないでしょう。

でも、それでもいいのです。

大切なことは「1日でできるかどうか」じゃなく、「人生ラスト1日だとしたら何をしたいかを発見すること」だから。


これは絶対にあと回しにせずに、いまやりましょう。

まずは、ここだけでも、私に付き合ってください。

やりたいことが見えないときの「チートな武器」を授けよう

人生ラスト1日だとしたら、何をやるか。
答えが思いつかなかったあなたに、ここでチートな武器を授けましょう。
「チートな武器」とは、次の質問のことです。

「いまから1分間、紙に書き出したことが何でも叶うとしたら？」

・ラスト1日でやりたいことがあるけど……お金がないし

・彼女が振り向いてくれないし
・自分に才能がないし
・ご縁がないし
・時間が足りないし

とブレーキがかかりすぎてしまうと、思いつかなくなってしまいます。

だからこれは、ひとつのゲームだと思ってください。

「いまから1分以内に書き出したものが、何でも叶うとしたら……」という気持ちで、書いてください。

ドラゴンボールを集めて、神龍《シェンロン》に願いを叶えてもらうときと同じ。

神龍はドラゴンボールを7つ集めて、やっと願いがひとつですが、ここでは1分以内なら何個でもOKです。そのつもりで書いてみましょう。

では、いまから1分間、時間をはかりますよ？　よーい、ドン。

何でも叶うとしたら？

［WORK］書き出してみよう

さあ、どうでしたか？

あなたのやりたいことは何でしたか？

書いていたとき、どうでしたか？

楽しかったですか？

夢中になれました？

体験してみたいこと、やってみたいことは見えました？


仕事でいっぱいいっぱいになっているときは、目の前のことしか見えないから、自分がやりたいことすら忘れてしまいます。

そして、やがて、自分のやりたいことが見えなくなってしまうのです。

だから、この質問の時間は大事なのです。


「わかったよ。こういう時間をしっかりとるよ……いまの仕事を辞めたらね」

そうやって、先延ばしにしないことです。
「仕事を辞めて、時間ができてからやる」
それでは絶対にだめです。

いまからやる。毎日やる。3か月やる。
それが正解です。

毎日5分でもOKです。とにかく、いますぐやってください。

では、なぜ「いますぐ」「3か月」なのでしょうか。
「いますぐ」「3か月」を徹底すれば、仕事を辞める前に、できることがたくさんあるからです。

たとえば、「今日が人生最後の日だとしたら……」の質問で、実現したい夢、やりたいことが見えたとします。それを実現するのに、いまの仕事をしていたほうが「まだ」都合のいいことだってあるのです。

辞めたくなると、ネガティブな部分にばかり焦点が行きがちですが、その仕事をしていることがプラスになることも多いのです。

いまの仕事なら、営業力を身につけることだってできるし、人脈だってつくれます。
いまの仕事なら、会社の経費で、いろいろと実験することだってできます。
いまの仕事なら、有給休暇をとって、何かを体験することだってできます。

「いますぐ」「3か月」と決めれば、これくらいのことはできるでしょう。

もちろん会社の状況によっては、それどころじゃないかもしれません。

でも、この感覚を持つだけで、常にひとつ上の視点でいることができるのです。

「コミュ障、内気でもアツい人生に！」……一瞬で人生を変えた3つの質問

なにも「絶対にいますぐ会社を辞めろ」とは言いません。

いますぐ辞めないと命がもたないとか、そのレベルの切羽詰まった状況じゃなければ、いますぐ辞める必要はないでしょう。

まだその状況で、あなたの人生を激変させることができるから、です。


「人生最後の日だとしたら……」を考えたら、やりたいことがたくさん出てきたでしょう。

でも、この話はこれだけでは終わりません。

これを現実に落とし込んでいくのです。

すなわち、人生最後だとしたら、やってみたいことリストのなかで、「いま、この仕事をしているからこそ、実現しやすいことはないか」を考えてほしいのです。

繰り返しになりますが、給料がもらえているから安心して、いまからできること。

いまのうちから営業力を鍛えておくこと。人脈をつくっておくこと。有給休暇をもらって旅行に行くこと。探してみたら、たくさんあるでしょう。

なかには、あまりにブラック企業すぎて、そんなことできる余裕がないかもしれません。命の危険を感じているかもしれません。

そんなにヤバいのなら、一刻も早く辞めてしまいましょう。

しかし、多くの場合は、そこまでヤバいことは少ないでしょう。

だとしたら、もう少しその場所にいて、自分のやりたいことを実現するために、いまの場所を活用したほうがいいのです。

それと同時に、一緒に考えてほしいことがあるのです。

それは、

「今日が人生最後の日だとしたら、いまの職場で何をするだろうか？」

ということです。

これもすごく大事なことです。

「人生最後の日だとしたら、仕事なんか行かねーよ！」

もしかしたら、そう思うかもしれません。

でも、あえて本気で考えてみましょう。

たしかに、普通に考えれば仕事に行っている場合ではありません。辞めたいと思う仕事であれば、なおさらです。

人生のラスト1日なら、いまの仕事とは別のことに時間を費やすでしょう。

わかります。私だってそうします。

でも、それでもあえて考えてほしいのです。

「もし人生最後の日で、その締めくくりに仕事に行くとしたら……」

その場合、仕事に行ったら何をするだろうか？

サボることを考えるだろうか？
まわりの人たちと当たりさわりなく接するだろうか？
難しいかもしれないですが、ここは想像力を働かせて考えてみましょう。
もう、人生は最後なのです。自分も悔いなく終わりたい。
最後はどんな気持ちで終わらせたいだろうか。
ムカつく奴に罵声を浴びせる？　それもあるかもしれません。
でも、今日が人生最後だとして、本当に自分がやりたいことは何だろう？
これを、私は多くのお客様と、何度も真剣に考えて、話し合ってみました。
そうしたら、意外なことが出てきたのです。

それは、愛と感謝。

最後は、ここにたどり着いたのです。

「なに言っちゃってんの。この人は偽善者ですか？」

たしかに笑っちゃいます。自分でも、ここに行きついたときは驚きました。

昔の自分だったら、そんな自分を小ばかにしていたでしょう。

でも、偽善でも何でもなく、人は本気で死を考えたとき、愛と感謝に意識が向くようになるのです。

病気になって「いよいよヤバいな」と思ったとき、自分ではどうしようもないとき。

人生が本当に、本当に、本当に、最後だと想像できたら、不思議と愛と感謝の気持ちになります。


いつもなら言えないけど、今日が最後なら、親に「ありがとう」と言える。

家族やいつも私と接してくれている人に「愛している」と言える。

最後だとしたら、目の前の苦痛な仕事でさえも愛おしくなります。

これで最後だと思ったら、もう一度、その作業をやってみたくなるのです。


もうこの人と一緒にいられるのは最後。二度と会えないと思えば、もっともっと人に興味を持つようになるし、もっと大切に扱おうとします。

いつでもできる。いつでも会える。そんな思いが無意識にあるから、私たちは適当に人と接するし、仕事もするようになるのです。

でも、これで人生が最後だと思ったら、すべてに魂がこもります。


朝の挨拶だって、魂がこもる。

人と接するときの会話にも、魂がこもる。

一つひとつのやりとりに、感謝の気持ちが宿る。

仕事一つひとつを、全力でするようになる。

後世のために残せることはないか、全力で考えて行動するようになる。


そうすると、不思議なことが起こります。

あなたの仕事場は激変します。

あなたの人生観が激変します。

あなたのまわりも情熱的になるし、本気の人間関係が築けるし、あなたのまわりの人も、あなたに敬意を払うようになります。

あなた自身も、毎日情熱的に生きるようになり、いままで退屈だと思っていた仕事のなかで、意外とやりがいがあって楽しい仕事が、より多く見つかるようになるのです。

まわりのことを考えて仕事をするようになるから、必ず高い評価を得られるようになる。信頼も得られるし、職場の人間関係も最高になります。

だから、今日から試してください。

今日、人生最後の日のつもりで、仕事をしてみてください。

人生最後の日に、自分はこの職場に行くことを選択したつもりで、1日仕事をしてみる。本気で実践したら、必ずあなたの職場環境はよくなります。

私も同じことを実践してからは、本当に変わりました。

営業でまったくアポがとれなくても、なぜか営業ができるだけで感謝するようになりました。

大学で300人の前で講義をして、やる気のない学生がいたときに、本気で声高に彼らを愛していると訴えて、本気にさせたこともあります。
「失敗したら責任とって、辞める覚悟で命がけでやるから、この仕事をさせてほしい」と、上司に直談判したこともあります。

……激アツですよね。
でも、私の性格を知っている人からしたら、ビックリです。
私はどちらかというと冷めている人間だし、あまり感情をあらわにしません。
もともと受け身の人間でもあり、コミュ障で何でもかんでも遠慮がちでした。
そんな私が、こんなに情熱的に変われるのです。

性格？　そんなもの、本気で人生を変えようとしたら変われます。
才能？　そんなもの、あるかどうかは、本気でやり続けてみないとわかりません。

だからこそ、このラスト3か月。いまの職場で毎日「今日、人生最後だとしたら、何をするか、どう生きるか」を自問してください。

迷ったら、次の3つの質問を思い出しましょう。

① 人生、最後の1日なら何をしたいか

② したいことのなかで、いまの仕事をしているから実現しやすいことは何か

③ 人生最後の1日なら、いまいる職場で、どのような仕事をするのか

たった3か月でいいのです。毎朝、これを意識して動く。本気で動く。

断言してもいいでしょう。あなたの人生は必ず変わります。

7400時間で、あなたができること

もうひとつ、数字の問題を出しましょう。

「78400」

この数字は、あなたが社会人として仕事をする上で、重要な意味を持ちます。
いったい、何の数字でしょう？

正解は、社会人を40年間とした場合の、ざっくりとした仕事の総時間です。


年間365日のうち、120日の休日があって、245日勤務。

1日8時間労働だとしたら、245日×8時間で、年間1960時間となります。

さらに、それに40年の時間をかけたら、78400時間。

膨大な数字です。

「うちなんて、そんなんじゃやすまないよ。休日もないし、残業も多いから」

そうであれば、78400時間は大幅に超えるでしょう。

つまり、多くの日本人は、一生のうち78400時間以上の時間を仕事に費やしています。その仕事と普段どう向き合っているか。じつはこれが、あなたにとって非常に重要なのです。


「1万時間の法則」というものがあります。

アメリカのジャーナリスト、マルコム・グラッドウェルが提唱しているものです。

「ある分野で突出したプロフェッショナル（専門）になるには、1万時間はかかる」というものです。

もしこれが事実ならば、78400時間も費やしたら、7つのプロフェッショナルになれる可能性だってあります。

もちろんこの78400時間は、雑務やら無駄な時間やらも多分に含まれていますし、そう簡単にはいかないと反論されるでしょう。

でも、あなたが20年たって、プロフェッショナルなものが少ないとしたら……もったいなくないですか？

あなたの大切な人生、いまから1分も、1秒も無駄にしてほしくないのです。

だから、あなたにとって仕事とは何かということを、いま一度、立ち止まって考えてほしいのです。

「もう限界！」と思ったら、「ラスト3か月」と決めよう！

さて、ここまで読んでもらって、あらためてあなたに提案があります。

いま、あなたが以下のいずれかを感じていたら、私に時間をください。


「いまの仕事、もう限界！」

「最近、頭打ち感がある」

「もっと自分らしく生きたい」

「もっと高いステージに行きたい」

では具体的に、どのくらいの時間が欲しいのか。

2160時間です。

すみません、あまりにもあなたの時間が貴重なので、そしていままでの流れから、単位を時間で書いてしまいましたが、わかりやすく書きましょう。

そう、3か月です。

「もう限界！」と思っても、ちょっとだけ待ってください。

「ラスト3か月だけ、がんばる」と。

このラストスパートが、あなたの人生を劇的に変えるのです。

しつこいようですが、もう一度説明します。

「なぜ、ラスト3か月なのか？」

いまの仕事で、あなたがやり残したことがまだあるからです。
いまの仕事で、あなたが成長する余白がまだあるからです。
次のステージへと一気に飛躍するのに、必要な時間だからです。
ゴールを決めることで、全力で突っ走れるからです。

だから、今日から3か月間は、本書に書いてあることを、いまの仕事場で実践してみてください。

3か月あれば、あなたの人生は劇的に変えられます。
同じ人間とは思えないほど、人は変われるのです。

第2章

どんな人間だって、底辺からでさえ這い上がれる！

「人前で話ができなくて登校拒否をした」から、一流のプレゼンターになれた

6000回。

この数字は、およそ私がこれまで大勢の前で話してきた数です。

2000人の前で講演したこともありましたし、百戦錬磨の経営者たちの前で講演したこともありました。

ときには、無反応でやる気のない学生たち300人の前で講義もしました。最初は無反応だった彼らも、私の話を5分、10分と聴いていくうちに、みるみる目の色が変わり、最後は感動で拍手喝采の嵐になりました。

ビジネスセミナー後、その場でコンサル案件を多数受注し、5000万円を売り上げたこともあります。

私のプレゼンを聴いてくれた方は「ナンバー1プレゼンターだ」とか「カリスマ講師だ」と絶賛してくれました。

でも、世のなかには、私以上にプレゼンの素晴らしい人たちは、たくさんいます。

だから、私がナンバー1だとか、おこがましいことを言うつもりはありません。

でも、おかげさまで、私も少しは一流のプレゼンターの仲間入りをさせてもらえているのかも……と、最近では思えるようになってきました。


なぜ、私がこの話をしているのか。

もちろん、自慢したいからではありません。

むしろ逆です。

私ほどダメな奴でも、ここまでできたということを伝えるためです。

だから、あなたならもっとジャンプアップできると言いたくて、このエピソードを話しています。

なぜなら、私はもともと人前で話をするのが、大の苦手だったからです。

古い話ですが、私が中学1年生とき、国語の授業で「3分間スピーチ」というものがありました。

教卓の前に立って、クラスメイト40人の前で、何でもいいから話をするというものです。

座席順にスピーチは始まります。

「……む、無理だ！」

心臓はかつてないほどバクバクに。頭は真っ白。

私は取り乱しました。

幸いなことに私は席順的に、今日の授業では当たらない。

おそらく2回後の授業で当たる。そう予想しました。

「……その日、休もう」

私は、自分が3分間スピーチをさせられる日に、学校を休んだのです。
そして、それから私は学校に行けなくなりました。
国語の授業のある日に登校したら、3分間スピーチをさせられる。
そう思ったら、恐怖で布団から起き上がれなくなったのです。
そこからは、ずっと学校を休みました。
いまで言う登校拒否です。
完全に3分スピーチが終わり、国語の授業も別のテーマになりました。
それでも、私は学校に行けなかったのです。
しばらく休んでしまったことで、ものすごく登校しづらくなったからです。

でも、もう逃げられなくなり、私は意を決して登校しました。
クラスメイトからは3分間スピーチをしない「卑怯者」呼ばわりされました。
私は、何も言い返せませんでした。

すごく内気だったからです。

「どう言われても、3分間スピーチからは逃げられたんだ。よしとしよう」

そう思っていました。

ところが……逃げられなかったのです。

久しぶりに登校したその日に、国語の先生から言われました。

「渋谷君、久しぶりだね。君、3分間スピーチやってなかったよね？　いま前に出てやってください」

あれだけ休んだのに……！　意味がなかった。

結局、私は3分間スピーチをやるはめになりました。

教卓の前に立ち、みんなを見渡す……ことすらできませんでした。

みんなの前に立っただけで、私は恐怖でパニックになりました。

クラスメイトの顔なんて、見ることはできません。

ずっと下を向いていました。

頭はパニックで、ずっと真っ白。

何も言葉は浮かんできませんでした。

声は、恐怖でまったく出ません。

結局、3分間、私はひと言も発せませんでした。

クラスメイトの冷ややかな目のなか、3分間ひと言も発せなかった私は席に戻りました。

……地獄でした。


その後の人生でも、私は人前に立たないよう、立たないように生きてきました。

人前で話すことを、徹底的に避けてきました。

唯一なんとかできたのが、社会人になってからの朝礼でのひと言。

これはやらざるを得なかったからです。

たったのひと言だけなのに、心臓はバクバクで、しどろもどろになりました。

だから、私は声を大にして言います。

私にはしゃべる才能なんてなかった。大の苦手でした。

でも、いまでは2000人の前で講演したり、ベストセラー作家や成功者たちと一緒にスピーカーとして登壇したり、百戦錬磨の経営者たちにセミナーやプレゼンをしたり、放っておくと私語でうるさくなる大学生300人の前で講義をしています。

いまは、人前でしゃべることはまったく怖くないし、むしろワクワクすらします。

だから、言えるのです。あなたにもできる、と。

「クラスで一番バカだった」から、カリスマ講師になれた

ついでに、情けない話をもうひとつしましょう。

私は、恐ろしいほど勉強ができませんでした。

小学生のころから、テストは0点の嵐。

中学のときも成績は常にビリでした。

テスト時間中は問題が難しくてよくわからないので、答案用紙には落書きをして、名前だけ書いて提出していました。

いつの日か先生も、呆れすぎて0点すら書いてくれなくなったのです。

採点の欄には、赤ペンで「バカ！」とだけ書かれもしました。

答案用紙に落書きして提出したら怒られる。そんなこともわからないほどバカでした。

とにかく授業は苦痛でたまらなかった。難しすぎてついていけない。集中力もないから、授業開始後3分ももたなかったのです。ずっと、キングオブバカでした。


そんな私が大学院まで進学して論文を書き、本を出版し、大学で講師として講義するまでになったのです。

だから人生は、わかりません。

ずっとクラスで一番バカだったこと。

じつは、それがいまの私の一番の宝になっています。


「もしも自分のようなバカが聴いても、理解できる内容だろうか」

「もしも自分のような集中力のない人が受講しても、楽しんで学べるだろうか」

私の講義はすべて、その視点からつくられています。

だから突然、教室で炎を使ったり、ロールプレイングゲーム風に研修をしたり、○×クイズで講演をしたりもする。

おかげさまで、私の講義には熱狂的ファンが多数います。

その一部をYouTubeにアップしたら、1本の動画で300万回再生を突破しました。

だから、私はあなたに自信を持って言えるのです。


あなたの欠点も必ず武器になる、と。

武器にした瞬間に、あなたの人生は変わるのです。

「売れない商品、知名度のない会社だった」から、トップセールスになれた

「こんな商品、誰が買うんだよ」


けんもほろろに断られたクライアント先で、こう思ったことはありませんか？

こちらは会社の知名度もない、商品ブランドもない。

一方で、ライバル社は知名度もブランドもあり、おまけに商品性能もいい。

だから営業電話をかけても、お客様は簡単に会ってもくれないし、運よく会って商談にまで続いても、結局コンペで負けてしまう。

「〇〇さん（営業の名前）は、いい人だから付き合いたいんだけどね、いかんせん商品がねぇ。次回機会があれば……」と、うまく断られます。

「はぁ……トップの知名度と実績のある、あの会社の人間だったらなぁ。もっと楽に売れたのに」と、つい腐ってしまうのです。

自分の力じゃなく会社の名前、商品で負けているわけだから、マイナスからの出発になっているわけです。

私も、そうやって腐っていた時期がありました。

商品の質は明らかにライバル社のほうがいい。知名度もブランドもライバル社が上。挙句の果てに、前任の営業が強引な営業を繰り返していたから、お客様からの会社のイメージは最悪です。

マイナスばかりのスタートでした。

アポイントはとれないし、アポイントがとれても名刺を渡した瞬間からずっと説教をくらったこともありました。

初対面だし、自分は悪くないのに、いきなり説教。ひたすら説教です。

前任担当の、強引かつ無責任な営業のせいで……。

それでいながら、私はもともとコミュ障。人見知りもすごい。お世辞にも営業が得意とは言えません。

知名度もブランド力もない企業と商品、一方でライバル社は強力な知名度とブランドを持つ。それでいて自分自身も営業は苦手。

【自分】↓知名度・ブランド・性能も劣る商品＋コミュ障&人見知り
VS
【ライバル】↓知名度・ブランド・性能あり＋できる営業マン

これでは、勝ち目がありません。

正直言って、営業に行きながら、移動の電車のなかでいつも転職情報誌を読んでいました。いつ辞めよう、いつ辞めようと。

ところが、私は結局、辞めませんでした。

「最後にもう少しだけがんばろう」と、思いとどまったのです。

どうせ最後だったら、思い切ったことをしてしまえばいい。そう割り切って、最後にラストスパートをかけるように、がんばったのです。

具体的にやったことは後述しますが、その結果、どうなったか。

信じられないことが起きたのです。

営業成績でトップをとれるようになりました。

その後、最年少で支社長にも抜擢されました。

挙句の果てに、知名度もブランド力も商品力もあるライバル社に負けなくなったのです。

お客様が次々と、ライバル社より私を選ぶようになりました。

「○○社（大手ライバル社）より、渋谷さんを選ぶよ」

そう言って、多くのお客様が取引してくれるようになりました。

毎日が夢のようでした。

あんなにコミュ障・人見知りで、会社の知名度がないのに、いつの間にか営業成績もうなぎ上りによくなり、ライバル社よりも集客し、売れるようになったのです。

このことから、いま言えることが3つあります。

1つめは、売れない商品、知名度のない商品だからよかったこと。

ライバル社が工夫しないところまで、工夫するようになったからです。

2つめは、コミュ障だったからよかったこと。

いままでは、人見知りでよかったと心から思います。だから、ライバル社にいるコミュニケーションの達人のような人とは違うやり方で、営業することを思いついたからです。

3つめは、辞めたいなら辞めればいいということ。

「でも、どうせ辞めるんなら、最後はクビ覚悟で無茶苦茶にするほど、やれることをやってしまえ」と思ったのがよかった。そのおかげで、いざというときの本気の覚悟や努力する心構えができました。

この3つのおかげで、私はその後、独立のタイミングで、会社を辞めてすぐに起業しても、問題なく食べていけるようになりました。

知名度のない企業、売れない商品、自分の欠点、辞める覚悟でやれることを徹底的にやる……。これらがそろえば、あなたも無敵になれます。

あなたの人生は、確実に上のステージに行けるのです。

「傷つきやすくて、ガラスのハートだった」から、ベストセラー作家になれた

職業柄、私のまわりにはベストセラー作家や経営者など、一般的に「成功者」と呼ばれるような人たちが多いです。

知名度もあり、ブログは毎日コンスタントに1万PVを超える。

出版社からも引く手あまたで、次々と本を出版。

コンサルティングを募集すれば、クライアントもひっきりなしにやってくる。

会社経営に関しても、年商は安定していたり、右肩上がりだったり——。

そんな成功者たちは、どのような性格だから、そこまでの地位に上りつめたと思います

か？

「こまかいことは気にせず、超ポジティブで、少し強引な性格なんでしょ？」

もし、そう思ったとしたら、ハズレです。

私はこれまでに1万5000人以上の講師・士業・コンサルタント・経営者・著者と接してきました。なかには、ベストセラー作家・トップコンサルタント・カリスマ予備校講師・大物プロデューサーなども多数います。

彼らの多くは、こまかいことは気にしないスーパーポジティブな性格ではありません。神経の図太い人間でもありません。

もちろん、なかにはそういう人もいますが、私が接する限り、成果を出している人でスーパーポジティブや神経の図太い人なんて、全体の1割くらいです。

残りの9割は、むしろ逆です。

じつは傷つきやすく、相手の反応を気にする繊細な人たちが多いのです。

そんな実情を話すと、多くの人が驚きます。

たしかにそんな先生方や経営者は、立場上、ブログ、本、セミナー、朝礼でクヨクヨしているところなんて、めったに見せないからでしょう。

でも、実際のところは傷つきやすい人が多いのです。

私も彼らの個別コンサル・コーチングをさせてもらっていますが、セミナー受講者の反応、本のレビュー、その他のちょっとしたことで、落ち込んで相談されることもよくあります。

でも、傷つきやすいというのは、素晴らしい資質なのです。

傷つきやすい、繊細な人ほど相手の気持ちがわかるからです。

だから、ブログ、メルマガ、ラインで、読者の心に響く言葉が書けるのです。

セミナーでも、受講者の反応を見ながら、より受講者の喜ぶ話ができるのです。

より多くの人の葛藤、つらい気持ちがわかるから、ベストセラー作家になれるし、カリスマ講師にもなれるのです。

繰り返しになりますが、神経が図太い人は成功しないわけではありません。

神経が図太くてカリスマ性があり、成果を出している人もいます。

でも、世の成功者たちには繊細な人のほうが多い。

だから、あなたがもし傷つきやすい性格でいつも凹んでいたとしても、「だからダメなんだ」とは思わないでください。

むしろ、傷つきやすい性格だからこそ、大ブレイクするチャンスがあるのです。

「もう仕事を辞めたい」を何度も繰り返しているとしたら、あなたも傷つきやすい繊細な心の持ち主かもしれません。

でも、それは決して悪いことではありません。ネックなことでもありません。

むしろ、その繊細さを武器にして動き出せばいいのです。

そうすれば、この3か月であなたの人生は大きく変わるのです。

「セルフイメージが低かった」から、成功できた

では、いまは成功者と呼ばれているけど、傷つきやすくて、ガラスのハートの人たちの「セルフイメージ」については、どうなのでしょうか。

セルフイメージとは、つまり自分に対する自分のイメージです。

「俺はできるやつ」

「俺はダメなやつ」

「私はベストセラー作家（になれて当然）」

自分が自分のことをどう定義づけ、イメージしているかで、日々の行動やチャンスが大

きく変わります。
だから、多くの書籍でも「セルフイメージの高い人が成功する」と書かれています。
じゃあ、ズバリ聞きます。

「あなたは、セルフイメージが高いですか？」

「セルフイメージが高い」と答えた人は、素晴らしいです。
ぜひとも、そのまま高いセルフイメージをキープしてください。
一方で、「セルフイメージが低い」と答えた人。
何も問題ありません。セルフイメージが低いからといって、気にしないでください。
むしろセルフイメージが低い人は、大逆転のチャンスが待っているのです。
もしかしたら、そう言われてあなたは驚いているかもしれません。たいていは「セルフイメージは高くしろ」と言われているからです。

でも、私はセルフイメージが低い人が大化けするケースを、何度も見てきました。

私のクライアントの創業社長も、人気講師も、著者も、もともとは劣等感の塊だった人が多いのです。他人と比べて「ダメな自分」と自分を定義して、コンプレックスを抱えている人もたくさんいます。

・小さいころから親に「あんたはダメだ」と否定され続けて生きてきた
・勉強もスポーツもできなかった
・友達ができなかった
・いじめられていた
・受験にはことごとく失敗してきた
・ヤンチャしすぎて、人に迷惑ばかりかけて生きてきた
・上司に「バカだ」「クズだ」と怒鳴られ続けてきた

人によって経験してきたものや、理由はさまざまです。

でも共通しているのは、自分にダメ出しをして、劣等感を持っている点です。

だから、セルフイメージも最底辺にまで下がっていたのです。

「自分はバカだ」「どうせ人生最悪」「好かれない」……ところが、そういう人ほど、ある日突然、大化けするのです。


輪ゴムを両手の指でつまんでビーンと、引っ張ります。

ビーンと引っ張った状態で、横にじゃなく、縦に持ってみます。

たとえば右手を上に、左手を下に。左手は輪ゴムの片方をつまんだまま、どんどん下げます。右手は同じ輪ゴムをつまんだまま、上に保っておきます。

あるとき、下方の左手の輪ゴムをパッと離す。

そうすると、輪ゴムは一瞬で上方の右手に引っ張られ、打ち上がります。

セルフイメージも、この輪ゴムと一緒です。

どんなに底辺にいようと、この3か月で上方の目標を設定して、そこに一点集中して目を向けていれば、そして、それに合わせたセルフイメージに変えることができれば、あなたの人生も一瞬で上のステージに上がれるようになるのです。


いま成功している人のなかでも、底辺にまでセルフイメージが下がった人たちは、「自分はダメだ」とずっと思っていました。

しかし、あるときを境に変わったのです。

輪ゴムのように、セルフイメージが低かったぶん、上を目指し始めたら一気にトップに上りつめることができます。いままでのセルフイメージが低かったため、セルフイメージを本当の意味で上げた世界は、まるで天国のようになります。

もともとセルフイメージがそこそこよかった人よりも、そのセルフイメージの高い世界に衝撃を受けることでしょう。


衝撃的がゆえに、何が何でもこのセルフイメージを死守したいと思うのです。

死守するための努力も惜しまない。

だから人一倍早く、より高いセルフイメージが自分に定着するようになったのです。


あなたも大丈夫です。

あなたがたとえセルフイメージが低かろうが、関係ありません。

むしろ、私たちみたいにセルフイメージが低ければ低いほど、セルフイメージの高い世界を体験したときに感動的な衝撃を味わい、必死でそれをキープするために人一倍努力するかもしれません。


セルフイメージが低いことすら、武器になるのです。

「1・5倍の法則」で、パフォーマンスを最大化する

いまの時間を最大限に有効活用するために、心がけてほしいことがあります。

それが、「1・5倍の法則」です。

これは私が勝手に名付けた法則ですが、とにかく人生にも仕事にも、勢いをつけることが大事という意味で、使っているものです。

つまり1・5倍の法則とは、「いつもよりも1・5倍速くする」「オーバーにする」と、うまくいくという法則です。

ヒマなときと忙しいとき、体感時間が違うという経験をしたことはありませんか?

忙しいと時間はあっという間に過ぎ、退屈な時間は長く感じます。

だから、あえていつも1時間でやっている仕事を、45分でやるように心がけるのです。

これをすると、「タイムプレッシャー」と言って、集中力がいつもよりも増します。

ダラダラやっていると、メールの返信に時間がかかったり、企画書を作成するのにアイデアが浮かばなくて、ますます時間がかかることもあります。

しかし、「いまから1時間で企画書をつくらなければならない！」と追い詰められると、1時間半かけて企画書を考えてつくっていたときよりも、いいものができたり、はかどったりします。

ダラダラしているときよりも仕事ができるし、体感時間もあっという間で、一石二鳥です。さらに、常に1・5倍を心がけていると、頭の回転も速くなるし、テキパキ行動できるようになるので、いいこと尽くしです。

ポイントは、「1時間以内でやってくれ」と上司やお客様から言われなかったとしても、自分自身で勝手にゴールの時間を設定して、その時間を守ることです。

ただし、速度の目安は1・5倍がおススメです。1・5倍が速いと思う場合は、最初は1・2倍速から始めるとよいでしょう。1・5倍以上になると、プレッシャーが強すぎてかえってパフォーマンスが落ちるので、気をつけましょう。

1・5倍の法則には、もうひとつの意味があります。

それは「1・5倍オーバーにやる」です。

自分が身につけたいスキルや習慣があったら、最初は1・5倍オーバーにやるのがおススメです。

笑顔が苦手なら、笑顔を1・5倍オーバー（少し気持ち悪いと自分が思うくらい）にやる。感情豊かに話すのが苦手なら、1・5倍オーバーに感情的に話す。「おはようございます！」「よろしくお願いします！」と元気に話すのが苦手なら、1・5倍大声で話す。

なぜなら、自分が苦手なものや、まだ身についていないものは、自分ではやっているつもりでも、他人から見たら大して変わっていないように見えるからです。

私は職業柄、就活生の面接、営業スタッフのプレゼン、講師のスピーチを指導することが多いのですが、「もっと笑顔で！」「もっと感情的に！」「もっと元気にハキハキ！」とアドバイスをしても、それが習慣になっていない方は、最初はなかなかできません。

当人は、改善しているつもりです。

そこで、私は「しまった！　オーバーにやりすぎた！　と思うくらいに大げさにやってください」とアドバイスします。「え？　こんなにやっていいんですか？　怒られませんか？」というくらいオーバーにやってもらうのです。

そうすると、ようやくそれでちょうどいいレベルになることが多いのです。

当人は、「やりすぎでしょ？」と言うのですが、ほかの受講者たちや私から見ると、「ちょうどいい」のです。

いままで身につけていなかったものは、**「やりすぎぐらいがちょうどいい」**と思って、やってみてください。

第3章

強制的に成果が出る「劇薬のような環境」をつくれ

あなたの人生を変える「刑務所の法則」

自分を本気にさせるために、こんな方法があります。
それは、「刑務所に入ったつもりでやる」というものです。
私も、元々はダメダメ人間でした。
すぐにサボろうとするし、いかに自分が手を抜くかを考えて生きてきました。
だから、人生うまくいかなかったのです。
勉強もできないし、コミュ障だし、それでいてやる気もない。それが私でした。
そんな私が社会に出て、最初に大きな殻を破れたのが、この「刑務所の法則」でした。

入社してすぐ、3年間、自分が刑務所に入ったことをイメージしてみてください。

もしも自分が懲役をくらって、刑務所に入ったとしたら……あなたは想像したこともないと思います。

刑務所に入ったら、好きなものも食べられないし、好きなところへも行けません。好きな人にも会えません。のんびりとお風呂に浸かることだってできません。YouTubeやテレビを見て、ダラダラすることもできません。もちろん、ストレス発散で散財することだってできません。

「あ〜、刑務所なんて絶対に入りたくない」と思いませんか？

絶対に入りたくないから、効果的なのです。

入社した日に、私は裁判官のように、自らに言い渡しました。

「今日から3年間は、刑務所に入ったつもりで生きる」と。

刑務所に入ったときと同じような意識で、仕事にのみ一点集中しました。

この期間だけは自分から「自由」というものをどんどん減らしていったのです。

とにかく一点集中。就職した会社での、営業の仕事に集中しました。

なぜなら、営業力があれば、いまの会社で出世するのも早いし、独立してお客様を獲得できるし、すぐに転職もできると思ったからです。

でも私は元来、人見知りのコミュ障。とてもじゃないけど、営業力なんて1ミリもありません。そんな自分が営業力をつけるのは、生半可なことではありません。0からのスタートではなく、マイナスからのスタートだからです。

だからこそ、何としても最優先で営業力をつけたかったのです。

それに、営業力がつけば、喜ぶのは自分だけではありません。商品が売れるから、会社も喜びます。

さらには営業力がある＝仕事ができる＝モテます。営業力がある＝コミュニケーション力が上がる＝モテる……と、私は信じていたのです。

当時の私は、まったくモテませんでした。だから、モテたかったのです。

もちろん営業力があってもモテない人はいるし、仕事ができなくてもモテる人もいるでしょう。でも長い目で見れば、営業力がない・仕事ができないよりは、できる人のほうがモテると考えていたのです。少なくとも、コミュ障な自分からしたら。

だから仕事第一優先、営業力をつけることが自分の仕事の将来にとっても、プライベートの将来にとっても、会社にとっても、すべてにおいて最優先事項でした。

なんとしても営業力をつけたい。仕事で圧倒的な成果を出したい。

そのためには、自分みたいなダメ人間は、「収入」や「彼女」などというニンジンを目の前にぶら下げるだけではダメだったのです。すぐに挫折するからです。

だから、さらに自分を追い込む状況を仮想でつくったのです。

それが「刑務所」という考えでした。

これが功を奏しました。刑務所に入ったつもりでがんばった結果、私は同期で営業トップになったり、最年少で役職についたりすることもできたのです。

私の場合は3年間、刑務所の法則でがんばりましたが、あなたもまずは3か月を刑務所に入ったつもりで、がんばってみませんか?

ちなみに、刑務所に入ったつもりでがんばっても、実際に刑務所に入るときとは違って、いいことずくめです。

まず、刑務所と違って報酬(給料)が高いです。

あなたが、いまどんなに安月給で働いていたとしても、刑務所よりは高いはず。

刑務所では刑務作業があって、報奨金が支給されますが、その額は雀の涙です。それよりは、はるかに高額な収入をいま得ていることでしょう。

また、電車通勤したり散歩したりと、刑務所よりは行動の自由があるし、この〝自主懲役期間〟も、たまには自分のご褒美に好きなご飯を食べに行ったり、デートするのもいいでしょう。

つまり、「なんちゃって懲役」だから、実際には刑務所に入るよりははるかにマシです。

刑務所と比較すると、いまの職場はかなり恵まれた環境になります。

だから、「(刑務所に比べれば)収入が多い、自由がある」と、いまの環境に感謝もできるようになるのです。

誤解のないように言っておくと、「刑務所と比較してまだマシだから……」と、ブラック企業でも我慢しろと言っているわけではありません。

ラスト3か月だけ、あなたが輝くステージに行けるよう全力でやるために、この方法はおススメなのです。

いまはYouTubeや本で、刑務所の実態などが簡単に情報として手に入ります。

だから、刑務所の状況はイメージしやすいでしょう。

そういうものを見て、「自分が刑務所に入ったら……」を想像してみましょう。

そして懲役3か月、がんばってみましょう。

洗脳しまくれ！

3か月、ラストスパートをかけると決断したら、自分を徹底的に洗脳してください。

洗脳というと、カルト教団とか怪しいイメージがつきまとうので怖いですが、あえて言います。

あなたは、すでに洗脳されています。

え？　誰に？

親から、兄弟から、友達から、学校から、社会から、そして自分自身からです。

「お前はダメな奴だ」「あんたにはできない、無理」「お前は何をやらせてもヘタだな」と、言われて育ってきませんでしたか？

高校時代に異性から「何こいつ、キモイ」と言われたり、「あなたは他人を傷つける人なのよ」と言われて恋人からフラれたり。

社会に出てからも、「こんなこともできない奴は、社会人として失格だ」「無責任ですね」と上司やお客様に言われたり。

その積み重ねで、「自分はダメな奴だ」とか「私はキモい奴だ」とか「私は人を傷つける人」「無責任だ」とか、自分を思うようになっていないでしょうか？

「人生こうあるべきだ」「世のなかはこうあるべきだ」「自分はこういう人間だ」という決めつけがあるとしたら、それは洗脳によって身につけたモノの見方なのです。

それは、単なるひとつのモノの見方であって、真実ではありません。

そして、そのひとつのモノの見方が「絶対」だと信じているのだとしたら、あなたはすでに洗脳されているということです。

だったら、早くその洗脳を解いたほうがいいのでしょう。そして、一刻も早く自分にと

ってハッピーなモノの見方に洗脳を上書きしたほうがいいのです。

洗脳という言葉のイメージがネガティブだから警戒されやすいですが、要は脳（いらない考え、モノの見方）を洗い流そうということです。文字通り「脳を洗う」で洗脳です。

私たちは社会のなかで、人とのかかわり、環境に影響を受けて生きています。

いまのモノの見方も、常に誰かとのかかわりのなかで生まれただけにすぎません。

だから、絶対的な真実じゃないのです。

自分にとって都合の悪い「モノの見方」なら、さっさと手放せばいいのです。

「自分はコミュ障である」――このセルフイメージだって、洗脳の結果に過ぎません。

だから、変えたければ、いますぐ変えられます。

これから3か月、ラストスパートをかけるのに最適な考え方・モノの見方に、いますぐ自分を洗脳しましょう。具体的な方法は、次のページから説明します。

郵便はがき

162-0816

恐れ入ります
切手を
お貼りください

東京都新宿区白銀町１番１３号

きずな出版 編集部 行

フリガナ

お名前　　男性／女性　未婚／既婚

(〒　　-　　)

ご住所

ご職業

年齢　10代　20代　30代　40代　50代　60代　70代～

E-mail

※きずな出版からのお知らせをご希望の方は是非ご記入ください。

愛読者カード

ご購読ありがとうございます。今後の出版企画の参考とさせていただきますので、アンケートにご協力をお願いいたします（きずな出版サイトでも受付中です）。

[1] ご購入いただいた本のタイトル

[2] この本をどこでお知りになりましたか？

1. 書店の店頭　2. 紹介記事（媒体名：　）
3. 広告（新聞／雑誌／インターネット：媒体名　）
4. 友人・知人からの勧め　5.その他（　）

[3] どちらの書店でお買い求めいただきましたか？

[4] ご購入いただいた動機をお聞かせください。

1. 著者が好きだから　2. タイトルに惹かれたから
3. 装丁がよかったから　4. 興味のある内容だから
5. 友人・知人に勧められたから
6. 広告を見て気になったから
（新聞／雑誌／インターネット：媒体名　）

[5] 最近、読んでおもしろかった本をお聞かせください。

[6] 今後、読んでみたい本の著者やテーマがあればお聞かせください。

[7] 本書をお読みになったご意見、ご感想をお聞かせください。
（お寄せいただいたご感想は、新聞広告や紹介記事等で使わせていただく場合がございます）

ご協力ありがとうございました。

きずな出版　URL http://www.kizuna-pub.jp　E-mail 39@kizuna-pub.jp

自分の「性格」と「特技」を一瞬で変える技

そこで効果的な洗脳が、「アファメーション」です。

自己啓発本によく出てくる手法です。

アファメーションとは、肯定的自己暗示と言われています。これは、うまく使えば本当に効果的です。自分を都合よく洗脳しなおすことができるからです。

私も、このアファメーションのおかげで、最底辺だったセルフイメージが最高レベルまで上がったし、日々の仕事のパフォーマンスまで大きく上げることができました。アファメーションはうまく使えば、自分の性格や得意なことまで自由自在に変化できます。

私が劇的にうまくいった方法で、学生から企業の経営者まで幅広く効果的だったアファメーションは、次の3つのステップを踏みます。

(1) 紙に書き出す

まずは紙に書き出すこと。

肯定的な自己暗示を紙に書き出すことで、より効果を発揮します。

(2) 具体的かつ、こまかくする

アファメーションの内容を、その状況に合った描写で具体的にするのがコツです。

「私はできる！」「私の人生はうまくいっている！」

もちろん、こういう抽象的かつ全般的な言葉も効果的ですが、状況別に具体的な言葉にすることで、もっと効果を発揮します。

たとえば、いま私がこの原稿を書いている直前、こんなアファメーションをしています。

「私はカリスマライターです。
私の文章は100万人の人たちを、瞬く間に虜《とりこ》にし、
彼らの人生を大きく飛躍させます」

カリスマライター、つまり文章を書く人です。文章を書く前だから「文章」に特化したアファメーションにしているのです。

そして、「100万人の人たちを、瞬く間に虜にし」という部分は、100万人という数字を入れ、さらに読んだ人がどうなるかまでをイメージしています。

少なくとも、このくらいこまかい描写するのがポイントです。

あなたが、人前で話をしなければならないとしましょう。

でも、自分は話をするのが苦手だし、緊張してうまく言えない。

そんなときは、こうします。

「私はスピーチ（またはプレゼン）の達人です。
私が口を開くと、目の前の聴き手は食い入るように話を聴きます。
たとえ、私が緊張して声が震えたとしても、私は気にせずに大きな声で、インパクトのあるメッセージを発信します」

このように書き出して、スピーチの直前に何度もこれを口に出して言います。

また、いまから営業の電話をするとします。
でも営業が苦手なら、こういうアファメーションにします。

「私はセールスの達人です。
私が電話でアポイントをかけると、相手も近い未来、いい相手と出会えたと感謝するようになります。また、いい取引ができて喜んでくれています。

たとえ電話をかけた段階で、相手に冷たく断られたとしても、私は一切気にせずに笑顔で感謝して電話を切ります」


これは、ほんの一例です。

自信のないものを特技に変える場合、3つの構成でアファメーションをつくります。


1つめの構成は1行目。

「私は〇〇の達人です」

〇〇に、これからあなたがやることを入れます。

セールスやスピーチや文章など、何でも大丈夫です。

達人という言葉は、「カリスマ」でも「天才」でも、自分がより気持ちよくなる言葉に変えてOKです。

2つめの構成は2行目。

「私が〇〇すると、こんな結果をもたらす」

〇〇に、1行目の代表的な行為を入れます。

セールスなら、「電話をかけると」とか「商談を始めると」など。

3つめの構成は、その次。

「たとえ〇〇になったとしても、私は気にせず〇〇します」

ここは、自信のないものがあったら入れます。

〝セールスの達人と言っても、オドオドしてしまったらどうしよう〟

という不安がある場合、

「たとえ、商談中にオドオドしてしまったとしても、私は気にせず大きな声で、笑顔で話し続けます」

といった言葉を、ここに入れましょう。

そうしたら、不安要素が現実に起きても、それに引っ張られずに済むのです。

このアファメーションは非常に効果的です。

これをやって、スピーチの達人、セールスの達人、ライティングの達人になった人は数知れず。ほかにも恋愛の達人でも、気遣いの達人でも、あなたが手に入れたい自分を、このアファメーションで自由に手に入れてください。

(3)感情的に、心を込めて、何度も声に出す

アファメーションの原稿ができたら、感情的に心を込めて声に出してください。できるだけ、それを実行する直前にやるのがポイントです。

外出先で声に出すのが難しい場合は、朝の家を出る前に声に出し、外出先ではぶつぶつと唱えるでも大丈夫です。

「感情的に」「心を込めて」がわかりにくいようなら、単に「力強い声で、勢いよく読み上げる」でもOKです。

できるだけ毎回、声に出すようにしましょう。

失敗が怖くて動けない人へ

「いまの会社を辞めて、独立しようと思っています」

でも結局、多くの人がそれから何年経っても、いまの職場で働いています。

あるいは会社を辞めたものの、独立はせず、別の会社に転職する人がいます。

私は別に独立することだけを勧めているわけではないので、それについて、とやかく言うつもりはありません。

いまの会社でやりがいを見つけてがんばればいいし、転職するのもいいでしょう。

でも、本当は独立したいのに、独立していないのだとしたら、話は別です。

やりたいことがあるのに、その通りに行動できていないのは、あなたにとってハッピーではないからです。

・辞めて独立したい→独立する
・辞めて独立したいわけじゃない→だから独立しない

これはどちらでもいいのです。だって、自分の思い通りになっているのだから。

問題は、

・辞めて独立したい→でも、できない

という場合です。自分のやりたいことと行動にギャップがあるから、常に不満をつくり出してしまいます。

では、なぜ自分の思いと行動にギャップがあるのでしょう。

私のところに相談に来る人が抱えている理由の多くが、恐怖です。

「会社を辞めて独立したいです。でも、独立して失敗したらどうしようと思うと、怖くて

独立できません」

「渋谷先生は、会社を辞めて独立したとき、怖くなかったのですか？」

このような相談や質問が多いのです。

「やりたいことがあるけど、それをやって失敗したらどうしよう」という恐怖。私の場合、こういう風に考えています。

「人生、経験したもん勝ち」

何もやらないよりは、何かをやって失敗したほうが、「何かをやって失敗した」という経験が残ります。

その経験は、あとで必ず思い出にもなるし、一度失敗したことが次回、同じ轍《てつ》を踏まないよう行動する基準にもなります。似たようなことが起こっても、以前の失敗から学習しているから乗り越えることができます。

さらに、この経験は誰かにアドバイスするときにも役立ちます。

つまり、失敗だろうと成功だろうと関係なく、あなたが行動して得た経験は、すべて大きな財産となるのです。

人生、生きている限り、経験しないよりは経験したほうがいいです。

面白いこと、つらいこと、悲しいこと、そのときは嫌だと思うことでも、後々必ず財産になる。人生の幅も広がるし、人間の器も大きくなります。

廊下に立たされた経験、始末書を書くほどの失敗をした経験、手痛い借金をした経験、失恋した経験、受験で落ちた経験、人が離れていった経験……。

私のすべての失敗経験が、いまとなってはいい思い出話になっています。

失敗が恥だと思う人がいます。恥はかいていないと、恥をかくことがどんどん怖くなります。でも、普段から恥をかいていれば、気にならなくなるのです。

私も元々、恥をかくのが嫌いでした。

だから人前に出ることも嫌だったし、自分ができないものはやりたくなかったです。

でも、あるときから変わりました。失敗や恥に慣れたら、気にならなくなったのです。

恥ずかしがり屋の私でも、いまではたいていのことは恥ずかしくなくなりました。恥と思わなくなったのです。

その理由は「慣れた」から。それだけです。

あなたも気にする暇があったら、行動しましょう。

恥ずかしいことを、日ごろからやってみましょう。

慣れたら、たいしたことではなくなります。

私は、人生で山ほど失敗してきています。

私のまわりのベストセラー作家や経営者も、人一倍失敗してきているし、恥をかいています。だからいま、成功している自分があるのです。

何でもいい。やらないよりはやって失敗したほうがいい。

失敗がたくさんある人のほうが、人生は成功しています。

だから、早く失敗しましょう。

たくさんフラれた人ほど、モテる理由

下世話なたとえで申し訳ないですが、ナンパがうまくなる一番のポイントは、ナンパしまくることです。

とにかくナンパして断られまくるのです。

断られていくうちに、女性の気持ちがわかってきます。
どうしたら断られないかが見えてきます。

次第に、ナンパのコツがわかってくるのです。


ナンパじゃなくても同じです。

好きな子ができたときに告白する。断られてもいいから、食事やデートに誘う。

その経験が多ければ多いほど、成功確率は上がるのです。

少なくとも、失敗を恐れてなにもやらないよりは、成功確率は上がります。

彼女ができない。女性経験が少ない。でも、本当はもっと恋愛したいと思う人は、失敗経験を含めてアプローチの数をただ増やせばいい。

それだけで、確実にあなたに彼女ができる確率が上がります。

性格的に無理だという方は、すでに述べたアファメーションやってください。

性格なんて少しずつ変わっていきます。


セミナー講師で成功している人もそうです。

失敗を恐れずに、チャンスがあればどんどん登壇する人ほど、成長が早いのです。

最初は慣れていないのだから、恥なんてかいて当たり前。

あなたは失敗して恥ずかしいと思うかもしれないけど、まわりの人は、あなたの失敗なんてそんなに気にしていません。

だから、声が震えようが、何をしようが、さっさとセミナーに登壇したほうが、講師としての力はつきます。

もちろん、すべてにおいて適切なやり方やコツはあります。

でも、それらのやり方やコツは、ある程度経験している人がやるからうまくいくのです。ナンパのコツや裏技だって、ナンパ経験ゼロの人と、ナンパ経験ありの人では、後者のほうが自然とうまく使えます。セールスの技だって、プレゼンの技だって、文章の技だって同じです。すべては量稽古が必要なのです。

だから、失敗なんてして当たり前。

むしろ、早く多く失敗したほうが成功確率は上がるのです。

さっさと破産してしまえ！

「失敗したほうが、人生はプラスになる」

そう言われても、まだあなたは動けないかもしれません。

わかります。私だってそう言われても「わかっているけど、動けない」となるはずです。

だから、もうひとつ、恐怖を克服する方法を紹介しましょう。

それは、「先にその恐怖を脳内で経験する」という方法です。

たとえば、私が会社を辞めて、独立するときにやっていたこと。

まずは、起業計画です。

「起業したら、どんなビジネスにして、どのくらいの収入を得て――」と計画を立て、「名刺はこんなデザインにして、会社名はこういう名前にして――」と妄想が膨らめば膨らむほど楽しいです。

これは大事なことですが、それだけでは怖いままです。

「こんな計画を立てたけど……万が一失敗したらどうしよう」

だから、独立するときに、私はもうひとつのこともやっていたのです。

それが「倒産」を計画すること。

「起業してうまくいったら――」の計画とは真逆です。

「独立して考えうる、最悪の状況」を計画したのです。

「もしも、まったく収入が得られなかったら……どうしようか」

○か月で資金は底をつく。最後に勝負で広告を出したけど、結局売上にならなかった。

そうしたら、広告費の分の赤字（借金）も乗っかる。起業した会社は倒産。そして、自分も最悪、自己破産する。

大事なことは、会社が倒産し、自分が破産したときのことまで考えておくことです。

たとえば私の場合、起業したとき、結婚して生まれたばかりの子どもが2人いました。家族を養っていかなければならないのです。

でも、倒産・破産したとします。そうしたら、どうすればいいだろうか。

「そっか、最悪、コンビニか飲食店でアルバイトすればいいか」

こっちは家族の生活と、最悪な場合は起業してつくった借金があるかもしれません。だから、死ぬほどアルバイトをがんばるでしょう。

日中もバイトして、夜間もバイトする。

そうすれば、何とか生活費も稼げるし、ちょっとずつ借金も返せていけるだろう。

しかも、バイト先の店長や社長からしたら、死ぬほど働く自分を見て、評価して昇格させてくれるかもしれません。

こっちは、小遣い稼ぎのバイト学生とは違います。

倒産して、お尻に火がついて必死に働いていています。自発的に、店長や社長が喜ぶことをやっていれば、チャンスはたくさんやってくるはずです。

そうすれば、そのバイト先で契約社員や正社員になれるかもしれないし、ヘッドハンティングなんてこともあるかもしれません。


「倒産しても、何とか生きていけそうだな。よし、じゃあGOだ！ 起業しよう」


私の場合、こんな感じでした。

起業してうまくいく未来と、失敗して破産する未来の両方を想像したのです。

そして、どちらの未来になっても、自分がハッピーに生きていける方法を見出しました。

こうやって恐怖と向き合い、対処法も考えたことで、「何とかなる」と感じて、恐怖を手放すことができました。

失敗がそんなに怖いなら、失敗しても何とかうまくいく方法を先に考えればいいのです。

そうすれば、失敗に対する恐怖はどんどん小さくなるでしょう。

第4章

「自分」という主人公のことを、あらためて理解しよう

仕事の定義ひとつで、人生は大きく変わる

私は大学でキャリア教育の専門家として、次の話を学生にしています。社会人は、仕事とどう向き合っているのか。じつは６つのタイプに分かれるという話です。

（1）つらい・苦痛……でも給料（生活）のためにやる

まずは、このタイプです。
毎日の仕事がつらい。苦痛で仕方がない。

そんなにつらいのなら辞めてしまえばいいのに……と言いたいところですが、辞められない。食べていかなければならないからです。

(2) 退屈

続いてはこのタイプです。

苦痛ほどではないけど、仕事が面白くない。退屈。仕事が始まると、「今日はあと何時間で終了だ」と、つい終業時間までカウントダウンをしてしまいます。

(3) 普通。仕事は面倒くさいけど、やる

それから「普通」タイプです。

苦痛とまでは思わない、かといって仕事が好きというわけでもない。正直、仕事は面倒くさい。休めるなら休みたい。でも、仕事をしている時間はそれなりにやりがいもあるし、

働くのは義務だし、がんばっているというタイプです。

(4) わりと好き

どちらかと言ったら、仕事は好きなタイプです。

仕事自体が好きな場合もあるし、いまの仕事の内容自体が好きな場合もあります。あるいは、いまの仕事仲間やお客様など、接している人が好きということもあります。

(5) 報酬が無料でもやりたい!

いまの仕事が本当に好きで、仮に報酬がなくてもやりたいと思っている人です。

もちろん、生活しなければならないから無報酬はつらい。でも、つい報酬度外視でお客様のために仕事をしてしまう。それは義務からではなくて、自分がやりたいからという基準で動くのです。

（6）お金を払ってでもやりたい！

最後はこのタイプです。むしろお金を払ってでもやりたいくらい大好き！　この仕事がやれるなら、お金を払ってでもやらせてほしい！　それくらいやりたいというタイプです。

さて、あなたは、この（1）～（6）の、どのタイプですか？

人生の78400時間を費やす仕事。それを、この（1）～（6）のタイプのどれで費やすかで、人生が劇的に変わります。

「いやいやいや、待ってくれよ。仕事を無料でもやりたいとか、お金払ってでもやりたいとか、そんな奴いないでしょ」

そう思われるかもしれないですが、意外といます。

もちろん、すべての仕事を無料やお金を払ってでもやることはありません。そんなことをしたら、収入はなくて支出だけが増え、生活ができなくなります。

でも、仕事の一部や、まだ仕事になっていない（報酬がもらえるに至っていない）ときは、無料や、お金を払ってでもやりたいと思ってやる人が、山ほどいるのです。

たとえば、家庭教師のアルバイトをしている大学生がいます。

彼女は高校受験を控える中学3年生の家庭教師をしています。

受験前日、生徒が不安でいっぱいだったから、彼女は給料が発生しないにもかかわらず、時間外に、神社に行ってお参りをしたり、お守りを手づくりしてあげたり、LINEで生徒がわからない問題を何時間もかけて教えてあげていました。

彼女は、その時間の給料はもらっていません。契約時間外だったからです。でも、彼女は生徒のために、助けたかった。だから無料で仕事をしていたのです。

これも「無料でも仕事をしたい」に入ります。

このように、意外と世間には、（5）や（6）タイプもいるのです。

「お金を払ってでも、その仕事がやりたい！」の境地まで行けるか？

さて、この6タイプの仕事で、損をするのはどのタイプでしょうか？

結論から言ってしまうと（1）のタイプです。

一方、一番得をするのはどのタイプでしょう？

じつは（6）のタイプなのです。

順に説明しましょう。

まず（1）の、仕事が苦痛な人ほど、苦痛だからできるだけ仕事をしないようにします。

スタッフ全員がやる仕事があったら、自分は極力やらないようにします。苦痛だから、サボろうとするかもしれません。

「余計な仕事をしなくて、助かった……ラッキー」

そう思っているのは、本人だけ。最終的には損をするのです。

損をする理由はたくさんありますが、ここでは相手目線になって考えてみましょう。

もしあなたが、苦痛タイプのスタッフの上司や店長だったらどう思うでしょうか？

苦痛タイプは、なるべく仕事はやっているように見せて、じつはやっていないかもしれません。スタッフ全員に投げかけた仕事も、やりたがりません。

そんな人に、重要な仕事を振りたいと思うでしょうか。思わないでしょう。もちろん、「おい、もっとまじめに働けよ！」と叱って、仕事を振るかもしれませんが、それは違う理由で仕事を振っているに過ぎません。

もし、あなたがスタッフをリストラしなければならない立場なら（1）～（6）のタイプの誰を減給したり辞めさせたりするでしょうか。やはり（1）のタイプのはず。

だから、結果的に（1）のタイプは損しやすいのです。

一方、（6）のタイプはどうでしょうか。

お金を払ってでもやりたいくらいだから、上司から言われなくても、気づいたことにはどんどん手を出すか、上司にやらせてほしいと提案するでしょう。

無料でも働きたいタイプもそうですが、給料が発生しない時間でも、お客様が喜ぶなら、あるいはお客様が困っているなら、自発的にどんどん仕事をします。

仕事時間外も、自分がやりたい仕事だから、常に改善点を考えたり、仕事に必要なスキルや知識を研鑽します。

何かトラブルが発生したら、自分の自由な時間やお金を多少犠牲にしてでも、何とかしようとします。

そう言われると、あなたは（6）のタイプが損をしていると思われるかもしれません。

「だって、自分の時間やお金を犠牲にして仕事してるんでしょ？」

ところが、本人は犠牲とは思っていないのです。

わかりやすく、あなたに伝えるため「犠牲」と書きましたが、なぜ本人は犠牲とは思っていないのか。それは、この仕事が好きでやっているからです。

お金を払ってでもやりたいほど。

だから、お金を払うのも嫌々ではないのです。

それほど好きだから、情熱を持って仕事をしています。

だから他人からは「苦痛」とか「犠牲」と見えても、本人としては、まったくそうは思っていないのです。楽しくて仕方がないのです。


たとえば、あなたに愛する人がいたとします。

その人の誕生日に、愛する人を喜ばせるのに手間をかけて何かをしてあげたとして、それを犠牲とか、苦痛とか思うでしょうか？

愛する人に喜んでもらうのに、何かをプレゼントしたり、ご馳走するのにお金を払ったとして、それを犠牲と思うでしょうか？

おそらく思わないでしょう。それと同じです。

自分が好きでやっていれば、それは苦痛でも、犠牲でも、努力でもありません。

ただ情熱的に、楽しくやっているだけ。だから6つのタイプのなかでも、（6）が一番ハッピーなのです。

なお、気分がハッピーなだけではありません。じつは（6）のタイプが結果的に仕事でも、一番美味しい思いをするのです。

たとえば、あなたが（6）のタイプを部下に持つ上司だとしましょう。

（6）のタイプは、言わなくても、お客様や会社のために、次々と貢献してくれます。しかも、仕事中も本当に楽しそうにしています。

まわりから見れば「自己犠牲しているのではないか」というほど貢献しているし、仕事時間外も研鑽を惜しみません。

あなたは、重要な仕事を誰かにふりたいと思ったとき、一番頼みたいのは、この（6）タイプじゃないでしょうか？　安心して、仕事が振れます。

あなたが誰かをリストラしなければならないとき、（6）のタイプをリストラするでしょうか？　最後までしたくないでしょう。

むしろ、こういう人は辞められると困ります。

昇給・昇進させてでも残したいでしょう。

だから、（6）のタイプは結果的に出世しやすいのです。

さらに、（6）のタイプは独立したら成功しやすいということもあります。

これは逆の立場になったら見えてきます。お客様側に立ったとき、一番安心して仕事を依頼できるのは、（6）のタイプだからです。

だから、（6）のタイプは、最初はお金を払って仕事をしていることも多いかもしれないけど、情熱の炎を絶やさずに突き進んでいけば、結局、最も成功するのです。

いつまでもお金を払って仕事をしているわけではありません。

やがて、それが信用・信頼となって、高額の報酬へと変わります。

そんなときに、「いえ、私はお金を払ってでもやりたい仕事しているので、報酬はいりません。むしろ、お金を払わせてください」とは言わないでしょう。

だから、そのときには、ありがたく報酬を受け取ればいいのです。

まとめると、仕事の(1)から(6)のタイプは、この順に成功しやすいのです。

・お金を払ってでもやりたい↓無料でもやりたい↓わりと好き↓普通↓退屈↓苦痛

もう苦痛や退屈な仕事をするのは、辞めましょう。

ただ、苦痛や退屈なのは、その仕事が原因とは限りません。

どの仕事にも、お金払ってでもやりたい、面白いやりがいはきっとあります。

だから、ラスト3か月は目の前の仕事で、お金を払ってでもやりたいと思える部分を探してみましょう。そう思えるように、仕事に取り組んでみましょう。

この3か月で必ず、あなたは変わるでしょう。

あなたは要領のいい人？　悪い人？

友達とか、同僚とか、あこがれの人を見ていて不思議に思ったこと、ありませんか？

同じ研修を受けているのに、すぐに自分のものにして、どんどんできるようになる人と、できない人。

同じように仕事しているのに、どんどんチャンスをつかんでうまくいく人と、仕事は一見できるのに結果があまり出ない人。

なぜ、こういう違いが出るのでしょうか？

世の中には2タイプの人間がいます。

要領のいい人と、要領の悪い人です。

同じように動いているのに、その成果は天と地ほどの差があります。

要領がよければ最小の努力で次々とチャンスをつかみ、成果を出すことができます。

要領が悪ければ、努力が実らないことだってあります。

では、どうすれば要領よく生きられるのでしょうか。それをこれから説明します。

ちなみに「要領よく生きる」と聞いて、どういう人をイメージしますか？

サボったり、ラクをしている。それなのに手柄は手にするズルい人。

もしかして、そう思っていませんか？

もし、そう思っているのだとしたら、それは違います。

そういう人は、決して要領のいい人ではありません。ズルをしているとか、その人だけ得をしていると思われたら、まわりから足を引っ張られ、結果が出にくくなるからです。

それに長い目で見たら、そういう人は信用されなくなるから、最終的には要領の悪い結果となるのです。

本当に要領よく生きるなら、いまだけでなく、長い目で見なければならないのです。

「いまだけ」「自分だけ」の視点でいると、あとで結果が悪くなるのです。

たとえば、みんなで飲み会に行ったとします。

支払いで割り勘になる。そのときにトイレに行って、仮に割り勘を誰かが立て替えてくれ、払わないで済んだとします。

「ラッキー！　払わないで済んだ！」と思ったとしたら、その人は要領が悪いです。

それを何度か繰り返してしまったら、「ケチな奴」「信用できない奴」というレッテルを貼られてしまうかもしれません。

そうしたら、いい話やいい誘いは来なくなるでしょう。

最悪は嫌われて、嫌がらせを受けたり、足を引っ張られるかもしれません。

だから結局、要領が悪くなるのです。


本当に要領がよい人は、「点」ではなく「線」で考えて行動できる人です。

「払わないで済んだ」は、「いまだけ」の点。

「自分だけ払わないで済んだ」は、「自分だけ」の点。

線で考えたら、未来も、まわりの人もハッピーになる計算をするようになります。

「ひとつの行動をとることで、自分だけでなく、まわりもハッピーになるには？」

「いまだけでなく、長い目で見て、将来的にもハッピーかつ効果を得るには？」

そう考えるのが線です。

まわりがハッピーなら、ますますあなたにいい話を持ってきてくれるし、応援もしてくれます。いまだけじゃなく将来もプラスになれば、ひとつの努力がずっと成果を生み出すようになるのです。

要領の悪い人は、ここが見えません。だから、短期的に得したと思っていても、長期的に損をしていることが多いのです。自分だけ「しめしめ、得したぞ」と思っていても、まわりから応援されず、チャンスを失ってしまいます。

「自分もまわりも」「いまも未来も」という視点で行動していると、チャンスはやってきます。運のよさとチャンスは、要領よく生きれば生きるほど、より多くやってきます。

だから、この3か月は少なくとも、この要領よく生きる方法を意識してください。努力が大きく実ります。

ラスト3か月の完璧な引継ぎが、最高の財産となる

「じゃあ、自分が損をして、相手を得させればいいの?」

残念ながら、不正解です。

自分も、まわりも得をする生き方をすればいいのです。

次の図を見てください。

あなたの行動が
さまざまなところに影響する!!

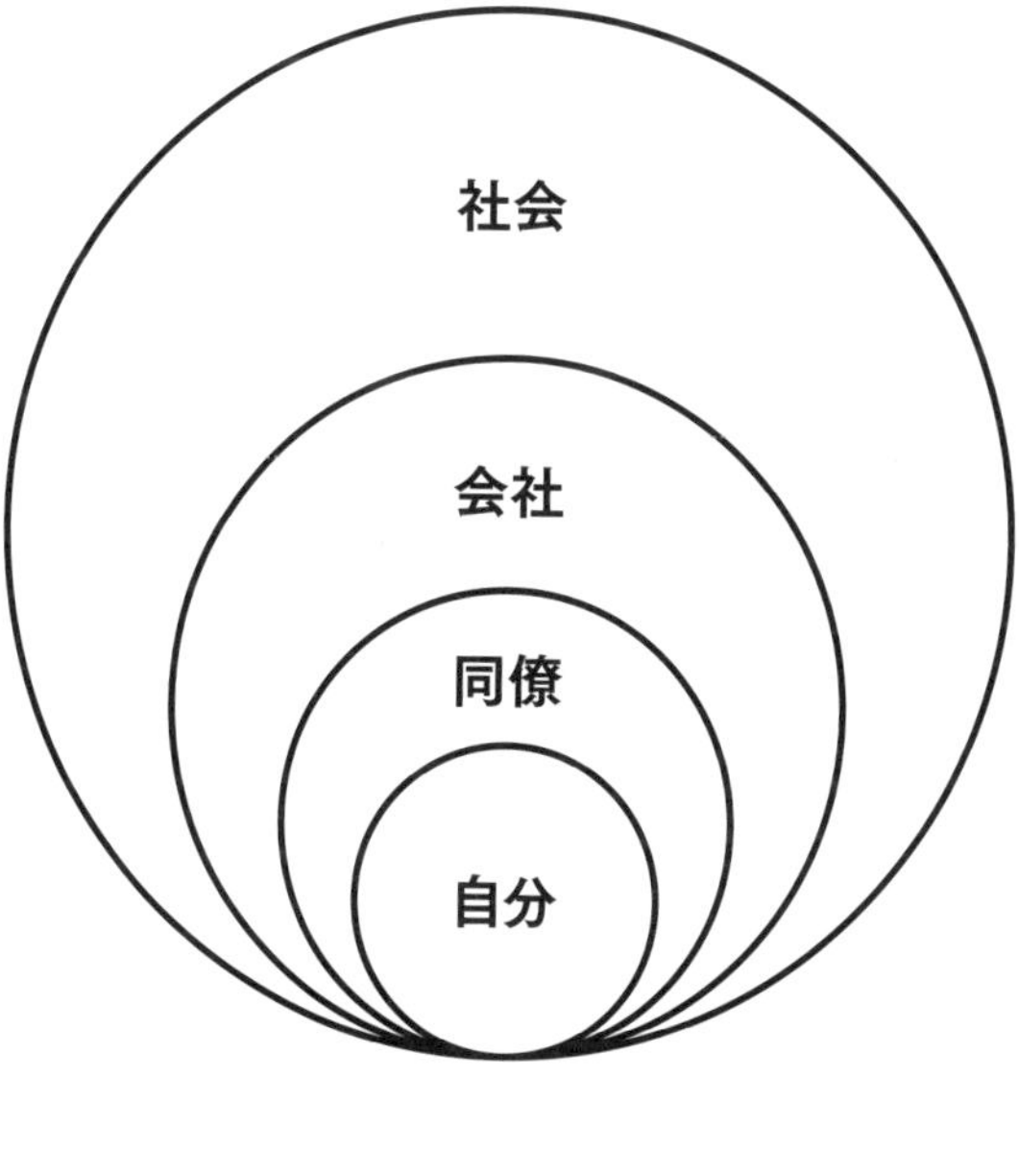

この図のように、ひとつの行動で、自分もまわりも、社会すらもハッピーになる行動を意識してすればいいのです。
長い目で見たら、それが一番、要領がよくなるからです。

ラスト3か月、がんばると決断します。
そのとき、あなたは何をがんばるのか、それが大事です。
そのがんばりは、自分「だけ」のためのものなのか。
それとも同僚、会社、さらには社会のためのがんばりなのか。
これによって、3か月後の成果は驚くほど変わります。
「もうこの仕事を辞める！」
そう決意する。
決意しても、次の仕事までは時間があります。
退職願を出してから退職日までの期間。
プロジェクトから抜け出すと決めてから、終了するまでの期間。

この期間は、まだ辞めるまでの仕事が本業です。

でも、いまの仕事に対しては「心ここにあらず」で、完全に次の仕事にフォーカスしてしまう人が、たまにいます。

そうなってしまっては、いまの仕事は完全に消化試合状態です。

じつは、これは要領が悪いと言えます。

「自分だけ」「ちょっと先の未来だけ」になっているからです。

これだと、いまの仕事のチームは誰も応援してくれなくなります。

最悪の場合、次の仕事を始めるときに、足を引っ張られることだってあります。

だから、本当に要領のいい人は、仕事を辞めると決めても、消化試合的な仕事は決してしません。

要領のいい人は、こうやります。

この仕事を辞めると決めたとしても、いまの仕事は全力でやります。

自分だけでなく、その職場の人がハッピーになるように全力でやるのです。

引継ぎ事項は、完璧なマニュアルのようにまとめておきます。

そうすることで、自分自身もこれまでやってきた仕事の棚卸になります。

これをすると、当たり前のようにやってきた仕事のなかから、自分ならではの強みが見えてくることも多いのです。

転職する場合は、自分が新しい会社で活かせることを、さらに具体的に言えるようになります。

独立する場合は、自分がコンサルタントとして教えられる内容が見えます。

同時に、同僚や上司、後任担当者も完璧な引継ぎ資料になっていて助かります。

つまり、全員がハッピーな状態になるのです。

ほかにも、いまの仕事の仲間や会社が困っていることで、自分ができることは徹底的にサポートしてください。最後の最後まで、徹底的に全力でサポートする。仕事仲間も、その仕事の顧客も感動するほどやります。

それは、あなたにとっても必ずプラスになります。その経験と実績は、次の仕事に必ず活きてくるのです。

あなただけの「超」専門性が必ずある！

たとえ、次の仕事がまったく違う業種だったとしても、いまの仕事を全力でやると決めます。

ここで、要領のいい人のポイントを思い出してください。

要領のいい人は、「点」ではなく「線」で考えます。

いまやっている仕事は、この3か月で終わりにしたい。次の仕事は別の業種にしたい。

そう思っていたとしても、「点」ではなく「線」で考えると、まったく別業種だったとしても前職の仕事の経験が必ず活きてきます。

たとえば、あるとき私のセミナーに、前職がパティシエ（お菓子職人）の人がいました。

この人はその後、保険のセールスをしていました。

今後は保険のセールスでブレイクしたいという理由で、私のセミナーに参加されていたのです。

お菓子職人と保険のセールス。仕事内容がまったく違います。

いまは保険のセールスでいっぱいいっぱい。保険に加入するお客様を見つけなければならないのです。そのためには営業力、自分ブランド力が必要と考えていたそうです。

その考えに間違いはありません。

でも、私はこの受講者に、「それではもったいない」と話しました。


さて、この人の一番の武器は何でしょう？

この人の武器は、元パティシエであること。なぜなら、保険のセールスの人でパティシエ経験のある人なんて、ごく少数だからです。

つまり、ここに「その人のオンリー1」があります。

オンリー1とは、ライバルのいない状態です。

保険のセールスならライバルがたくさんいます。お客様はいつも同じような保険のセールスからたくさん声を掛けられています。その状態でアポイントをとってお話を聞いてもらっても、よほどの営業力がなければ成約は難しいです。

それなら、もっと楽に考えたほうがいいでしょう。

その人の保険のセールスでは、最初のお客様へのアプローチは、主婦であることが多いといいます。お子さんのいる夫婦の家庭が、顧客のメインターゲット。

そのときに、専業主婦の家なら、奥様が最初に話を聞きます。

であれば、一軒一軒、ご丁寧に家を訪問しなくてもいいかもしれません。

「元パティシエが厳選した美味しいスイーツの食べられるカフェで、難しい保険の内容を、美味しくわかりやすく学ぶ勉強会」

というものを企画して、毎月開催するのもひとつの手です。

元パティシエが厳選したスイーツを毎月食べられるのが主目的で、ママ友にお土産を買っていくときの美味しいスイーツショップリストをプレゼントするなど。

先月できた美味しいスイーツカフェで、今月の保険勉強会をやるのもいいでしょう。

スイーツが主目的、保険が副目的。美味しいスイーツを食べること、ママ友と会えることを目的に来てもらってもいいのです。

「元パティシエ」と言えば、主婦も単なる保険のセールスと言われるよりも、興味を持ってくれるでしょう。

自宅でできる美味しいパンケーキやお菓子のつくり方などを、雑談でアドバイスしてもいいでしょう。美味しいものも食べて、普段聞けない、興味のあるスイーツの話を聞いて満足した主婦たちに、保険のことを簡単に解説したらいいのです。

そんなスイーツコミュニティをつくって、定期的にスイーツ勉強会をしていれば、信頼関係も生まれます。さらには、そこで無理に営業しなくても、次々と口コミでママ友をつれてきてくれるようになるでしょう。

スイーツを食べながら、あなたは美味しいスイーツのつくり方や、人生や保険についてわかりやすく解説していればいいのです。

勉強会はチラシにしたり、Facebookで告知してもいいでしょう。

告知するときの写真もあえて、パティシエ姿のものを載せてもいいですね。

このように、いまの仕事の経験は、次が別の業種でも必ず活きてくるのです。

大切なことは、過去の自分の経験を今後の人生や仕事に活かすことです。

生まれてから今日現在までに経験してきたことと、いまあなたが全力でやっていること、次にあなたがやりたいことを組み合わせたら、誰とも違うあなただけの強力なオンリー1になります。

それが、あなたの土俵です。社会の土俵や職種の土俵にあなたが合わせるのではなく、あなたの土俵に社会や業種を合わせましょう。

会社の仕事として、やりたいことをやってしまえ！

もちろん、これで終わりではありません。

この全力スパートの時期に、自分のやりたいことを、いまの職場のなかでやってしまえばいいのです。自分の身につけたいスキル、やりたいことを、いまいる会社のためにやる。そういう提案をしてみましょう。

たとえば、あなたが営業職だとします。

将来的にはセミナー講師や研修講師をやりたいと思っている。それなら、会社に「セミナー営業」を提案すればいいのです。

セミナー営業とは、見込み客をセミナーに集めて、その後、営業する方法です。通常の営業が個別に顧客を訪問して販売するのだとしたら、セミナー営業は、まず見込み客が学びたい内容のセミナーを企画し、そのセミナーに見込み客を集客する。そして、セミナーで学びを提供したあとに販売します。

いままで訪問営業だけをしている会社だったら、セミナー営業で、新規開拓と売上増を狙うという提案を会社にしてみましょう。

そして、経費削減とやる気を見せるためにも、「自分が企画、集客、講師をやる」と言えばいいのです。

あなたは、会社の名前でセミナーをやれるし、セミナー講師としての修業もできます。それも、会社から給料をもらいながら。

会社としても新規開拓、売上アップのチャンスになるからラッキーです。

もちろん、やるからには全力でやります。会社に損はさせません。

もしも会社がノーと言ったら、就業時間以後や休日にやるのだっていいでしょう。それなら会社も文句はありません。

会社の名前を出して、営業活動としてセミナーをやっていいならそうすればいいし、会社の名前を出してはいけないのなら、個人としてやればいいのです。

いずれにしても、会社のため、自分のため、今後のため、いまのため、すべての視点があるから、あとはあなたが全力でやれば、プラスにしかなりません。

セミナーでなくても、YouTubeでプロモーションしてもいいでしょう。

YouTubeを使って会社のブランディングをしたり、商品のプレゼンをするのもいいです。

将来的にあなたがYouTubeを使って何かをしたいとしたら、まずは会社のためにYouTubeを使い始めればいいのです。会社がOKすれば、みんながハッピーになるし、もしもノーと言われても、休日に趣味で個人的にやればいいのです。

いま、あなたがやりたいことや好きなことがあったら、それをいまの仕事でも活かせないか、徹底的に考えてください。

写真や動画を撮るのが趣味なら、会社のプロモーション写真や動画をつくってみればいい。こんなのは最初に許可なんていりません。練習素材として勝手に使えばいいのです。**そして、できあがったら、会社に「こんなのつくってみました。使えませんかね？」と見せればいいのです。就業時間外に趣味でやっていれば、褒められることはあっても、怒られることはないでしょう。**

何度もつくっているうちに、あなたのその実力はどんどん上がっていきます。

会社が使ってくれたらひとつの実績になるし、使われなくても自分の実力は上がっています。もしかしたら、あなたがその会社で、セミナー専門、あるいはYouTube専門の部署を立ち上げて活躍することになるかもしれません。

大事なことは工夫することです。今後あなたがやりたいことを、いまの仕事でも活かせないか。自分のためにも、いまの会社のためにも。

そういうマインドで3か月を全力で生きたら、今後の自分にも、会社の自分にも、必ずいい影響をもたらすでしょう。

第5章

「あなただから……」と言われる最強の仕事術

世界でたったひとつのプラチナ人脈

ラスト3か月と決めて、いまの仕事のチームのためにがんばる。お客様のためにがんばる。そして、自分が新たに挑戦したいことを、会社のために実行する。

これらを全力でしていると、喜ばれると同時に、かけがえのない財産ができます。

その財産とは、人脈です。

この仕事の過程で培ってきた人間関係です。

何となく仲がいい、最低限そつなく仕事をこなす。その程度だと、次の仕事を始めたときに、強力な人脈とはなりません。

表面上の付き合いはあるかもしれないですが、本気になってお互いが助け合いながら仕事をしたり、紹介したりするというような関係はつくれないのです。

でも、いまの仕事を全身全霊で実行して、相手を喜ばせ、感動させる仕事をしていたら、会社を辞めても、大きな人脈となります。独立するときや、転職するときに、この人脈は大きな武器となるのです。

「この人なら信頼に値するから、私の知り合いを紹介しよう」と、次の仕事をする際に、必要な知識、スキル、モノをもつ人を紹介してくれたり、助けてくれたりします。

もちろん、新しいお客様を紹介してくれることも多いです。

あなたがいまの会社と同じ仕事で、独立する場合も同じです。

その際に、いまの会社のクライアントは引っこ抜かないほうがいいです。それはルール違反だからです。だから、どんなにいい関係のお客様だったとしても、必ず置いていってください。

でも、人脈は違います。いまの会社で知り合った人たちと飲みに行ったり、その人たち経由で新しい仕事や人を紹介してもらうことは、何ら問題ありません。いまの会社を裏切ってもいません。

だから、あなたが羽ばたくときに、大いに活用すればいいのです。

そのためには、いまはまず、あなたが与えることです。

あなたとかかわる人たち全員に、与えまくること。あなたができることがあれば、相手のためにどんどん尽くします。

一緒に仕事をしているチームの人たちやお客様が期待しているよりも、上のパフォーマンス（行動と結果）を提供してください。

仕事と向き合うときの6つのタイプを思い出してください。

あなたが、あのなかの（5）無料でもやりたい、か（6）お金を払ってでもやりたい、というマインドで3か月行動していれば、そして、まわりがハッピーになるように与えていれば、必ず大きな信頼が生まれます。

信頼が生まれれば、人を紹介してくれるし、何かあったときに助けてもくれます。

相手も、あなたとの関係は切りたくないから、あなたのことを大切にしてくれるでしょう。そのためには、とにかく「期待以上」のことを心がけましょう。

資料をつくって渡すときも、相手の期待以上を心がけます。

相手が困っていることがあって、自分が解決できること、アドバイスできることがあれば、親身になってサポートすればいいのです。

YouTubeにPR動画をアップする、セミナーを開催してみる、写真を撮る、ほかにも趣味や次のステージでやってみたい仕事の準備や練習をするなら、相手のためにつくってみましょう。

お金をもらってやる必要はありません。無料、またはコストがかかってもやるのです。

だからといって、手を抜きません。全力でブラッシュアップしながら、相手に喜んでもらえるようにします。

ギブアンドテイクでは、一切考えない。「ギブアンドギブ」を心がけてください。

同時に、接するときは明るく笑顔で、ポジティブを心がけてください。

それだけで、世界でたったひとつ、あなただけのプラチナ人脈ができます。

いまの会社を、最初のお客様にする

あなたが、「もうこの仕事が限界」と思ったときに、いくつかの選択肢があります。

- **いまの会社を辞めて転職する**
- **いまの会社を辞めて独立する**
- **いまの会社でもう少しがんばってみる**

だいたい、この3つでしょう。

もちろん、会社を辞めたあとに、すこし休養をとるという選択肢もありますが、休養をとったあとは転職したり、独立をする可能性も高いでしょう。

どの道に進むとしても、オススメなことがあります。

それは、「いまの会社を最初のお客様にするつもり」で働くということです。

いまの仕事に不満があるかもしれませんが、もしこの会社が自分のお客様だと思ったらどうでしょう？　いろいろと嫌なことはあるかもしれませんが、まずは最初のお客様になってくれた感謝で、全力を尽くしたいという気持ちが生まれるでしょう。

「未来のことは、わからないでしょ？　退職したら、いまの会社には頼りたくないし」

そう思うかもしれませんが、人生、何が起こるかわかりません。

次の転職先で営業開拓をすることになって、その会社の上司から、

「君、○○会社の社員だったんだよね？　ひとつ、営業に行ってくれないか？」

と言われることもあるかもしれません。

そのときになって急に元社員の顔をして、いまの会社にアポイントをとろうとしても、

あなたも気まずいし、会社側も「いまさら何をしに来たの？」となります。

独立することになったら、まだ実績がない状態でお客様をとるのは大変です。そんなときに、いまの会社がお客様になってくれたら、ものすごくありがたく感じるでしょう。

まったく別の仕事をやることになったとしても、いまいる会社がお客様になったつもりで会社のために尽くすことに、デメリットはありません。

「もう、辞めよう」「やる気がない」と思っているよりも、あなたもがんばれます。

そして、その努力と経験は、あなたの次の仕事に必ず活きてきます。たとえ、直接関係のない別の仕事になったとしても。

また、全力を尽くした結果、あなたも仕事にやりがいを感じたり、会社から認められて、いまの会社に残ることになるかもしれません。

いまの会社を最初のお客様にする気持ちで働くのは、どの道に進んだとしても、そして、いまこの瞬間のあなたのモチベーションのためにも、必ず役に立ちます。

「うまい棒」を50本、お土産に持っていく

仕事は、ライバルや同僚と同じことをやっていても、次にはつながりません。

なぜなら、お客様や上司の記憶に残らないからです。

仕事で大事なことは、言われた仕事をやるだけでは足りません。

あなたがお客様や上司の記憶に強烈に残ることが重要なのです。

もちろん、記憶に残るのは、「いい意味で」です。「二度と、あんな奴とは会うか！」と記憶に残ってしまったら最悪ですから。

それでは、いい意味で記憶に残るには、どうすればいいのでしょうか。

そのためには、相手の感情を大きく動かすことです。

人は、感情が大きく動いたときに、記憶に残ります。

感情を大きく動かすには、いくつかの方法があります。

1つめは、依頼された仕事そのもので感動させること。

同じ仕事をしても、あなたのほうが明らかにいい仕事をするのです。「うそ！　ここまでしてくれるの？」と、相手が驚く。それが大きな記憶になるのです。

相手の期待以上のことをしたときに、相手は驚き、あなたに感動します。また、仕事で選ばれるのは、常に期待以上のことをするからです。

相手の期待は、普段、その人のまわりの仕事の仕方に比例します。

たとえば、ほかの人に同じ仕事をお願いしたら、たいてい1週間かかる。

ところが、あなたの場合、1日でやってしまう。

ほかの人に、資料をまとめるようお願いしたら、1～2箇所、ネットで調べたものをプリントアウトして終わり。

ところが、あなたの場合は、5箇所以上調べてプリントアウト、さらに関連本からも一部コピーして、資料を提出。大事なところには付箋と、蛍光ペンが引いてある。

そうすると、相手はあなたの仕事ぶりに感動し、またこの人にお願いしたいと思うようになるでしょう。

2つめは、仕事以外の気遣いで〝いい意味〟で変わったことをすることです。

たとえば、私のクライアントは、ほかの会社のところに訪問する際、お土産に「うまい棒」を50本持っていったそうです。「従業員の方、全員と食べてください」と。

これには、訪問先の社長もびっくり。

通常、お土産といえば、1500~3000円の菓子折りを社長に渡します。この場合、お菓子は社長室の人たちか、社長の家族分くらいにしかなりません。

しかし、うまい棒50本なら、従業員にも行きわたります。

これが、従業員300人の会社なら、うまい棒300本になるだけです。

うまい棒は1本10円なので、たとえ300本だとしても3000円です。

相手の社長も場も和みます。「うまい棒を持ってきた人、初めてですよ」と笑いながら相手の記憶にも残ります。

別の営業スタッフは、お得意先に「キットカット」をお土産に持っていくそうです。ちょうどそのお得意先は、「販売強化月間」で勝負の月でした。

だから、「キットカット（きっと勝つぞ）ということで、お持ちしました」と伝えたら、場は大笑い。その営業スタッフは、その後トップセールスになっていました。

このように、工夫次第では、お金のかからないお菓子でも相手の記憶に残ります。

大切なことは、

- **相手の期待をいい意味で裏切ること（驚きを入れること）**
- **ほかの人とは明らかに違うことをやること**
- **相手が喜ぶこと**

です。

これらをふまえて、アイデアを出したり、相手のために努力をしましょう。

制限があるほど、人は成長する

「締め切りまでの時間がない」

「コストカットされて、予算がほとんどない」

「人員を割いてくれないから、人手が足りない」

このように、仕事で追い込まれることがあります。

つい「もっと予算があれば、うまくいくのに」と思いがちですが、あえて考え方を変えてみましょう。「ないからうまくいく」と。

イベントチラシをつくる。そのときに他社よりも予算がない。他社のチラシはカラフルで豪華。そうであれば、あなたは白黒でお金のかからないチラシにすればいいのです。

「予算がないから白黒のチラシ」から、「お金のかからない、かっこいいモノクロのチラシ」や「お金のかからない、手書きの味のあるチラシ」をつくるチャンスなのです。

予算がかけられないから、立地の悪い店舗で集客しなければならない。

この場合も同じです。立地が悪くても、行きたくなるアイデアを生むチャンスです。自由な発想や画期的なアイデアは、自由にお金が使えたり、人がいたりするから生まれるわけではありません。むしろ、逆です。

「お金がない」「時間がない」「人がいない」「場所がない」「理不尽である」といった制限があるから、いままでにない発想が生まれるのです。

「制限だらけである」というのは、その制限から抜け出すアイデアを生み出すチャンスが、それだけあるということです。

私が以前コンサルをしていた会社では、総務部の女性チームが、クリスマスにプレゼント交換会をしていました。

クリスマスプレゼントには、大きな制限がありました。その制限とは、予算が300円しかないこと。300円以上、プレゼントにお金をかけてはいけないのです。

大の大人が300円でクリスマスプレゼント交換。

どうですか？　300円で喜んでもらうプレゼントを考えるのは大変ですか？

大変かもしれませんが、当人たちは「300円以内の予算だから面白いし、どんなプレゼントがもらえるか想像できないからワクワクする」と言ってました。

限られた予算のなかで、頭を使って相手を喜ばせる。会社内の交流を深めるクリスマスイベントであると同時に、いいトレーニングにもなっています。

制限があるから、あなたは成長します。

制限があるから、あなたは画期的なアイデアを生み出せます。

あなたの目の前には黄金のチャンスが常にあります。

そのチャンスは、常にあなたを悩ます制限に姿を変えて、現れています。

仕事がうまくいかないときは「ご褒美時間」をつくる

「お客様からクレームを言われた」

「取引停止を言われた」

「上司から叱られた」

仕事をしていれば、失敗はつきものです。

本来は起きてはいけないことかもしれませんが、仕事でミスをしてしまって、上司や仕事のメンバー、お客様に迷惑をかけてしまうことはあるでしょう。

そのときに大事なことは、リカバーすることです。

「いますぐにリカバーできることはないか？」と、必死で考えます。

謝るのはもちろんですが、自分の責任の範囲内でできることを徹底的にやります。

同じ失敗を繰り返さないよう、次から具体的にどう対応するかを考えます。

いまやるべきことをやったら、その日は、もう仕事をやめましょう。

さっさと仕事は終えて、自分自身にフォーカスしてください。

仕事がうまくいかないとき、相手に迷惑をかけてしまったと思うとき、優しい人ほど自分自身を無意識に責めてしまいます。

責めているかどうかを見分けるコツは、「自分が落ち込んでいるかどうか」です。少しでも落ち込んでいるときは、あなたがあなた自身のことを責めています。

リカバーし、謝って、次からの対応策を考えたら、反省も終了しています。

それ以上、自分を責めないでください。

それでも、つい責めてしまう人は、ご褒美時間をつくってください。

あなたは、何をしているときに、自分へのご褒美と感じますか？

美味しいものを食べに行ったり、お酒を飲みに行く？　エステやマッサージ？　カラオケで叫びまくる？　愛する人に慰めてもらう？　映画を見に行く？　高級ショップで贅沢三昧？　温泉にゆっくりつかる？　なんでもＯＫです。

とにかく、あなたができる範囲で、最大のご褒美を自分に与えてください。

そして、ご褒美時間やお風呂に入ったときに、自分自身に「今日はよくがんばった！お疲れ様！」と言ってください。

自分で自分を褒める。

慣れていないと照れくさいかもしれませんが、意外と効果的です。

自分にご褒美を与えて、自分をねぎらったら、その日はゆっくり寝てください。

自分にご褒美を与えたことで、かなりの充電ができます。

心機一転、心をリセットして、明日からまた仕事をがんばりましょう。

「ワープの法則」で、一気にレベルを上げろ

3か月間、仕事に全力で取り掛かりながら、もうひとつやってほしいことがあります。

それは、「ワープの法則」を利用することです。

「ワープの法則」とは、その名の通り、あなたの行きたい最高のステージへと、瞬間移動させる方法です。

あなたは、ドラゴンクエストというゲームをやったことがありますか？　私はよく「人生とは、レベルの〝下がる〟ドラクエだ」と言っています。

ドラクエは、敵を倒すと経験値が上がります。そして、経験値が一定を超えるとレベル

が上がります。

レベルが上がると強くなり、使えなかった技や魔法も使えるようになります。

コツコツと敵を倒してレベルを上げていくのが通常なのですが、短時間で一気にレベルを上げる方法があるのです。


それは、経験値がたくさんもらえる敵を倒すことです。


レベル1のときに倒せる敵は弱い敵です。弱い敵は倒すのは簡単ですが、経験値も少ないのです。レベル1のときに、レベル20以上じゃないと倒せない敵を、もし倒すことができたら、経験値がたくさんもらえます。そして一度敵を倒しただけなのに、一気にレベルが7くらい上がるのです。

しかし、それだけの経験値をくれる敵は強敵です。普通はレベル1では倒せません。

ところが、レベル1の自分以外に、仲間がレベル20以上だと話は別です。

一緒にいる仲間がレベル20以上だと、余裕でその強敵を倒せるのです。

メンバーのなかで、レベル1のキャラは、その場にいるだけなのに一緒に倒したことになるので、おこぼれで同じ経験値がもらえるのです。

だから、短期間でどんどんレベルが上がっていきます。

ほかのメンバーはレベル20、自分だけはレベル1でも、レベル20で倒せる強敵を一緒に倒すと、一度にレベル7くらいまで上がります。2戦目に、またレベル20の敵を一緒に倒すと、レベルが9くらいまで上がる。

それを続けていくうちに、ほかのメンバーのレベルにどんどん近づいていくのです。

私たちの現実の人生も、じつはこれと同じです。

自分のレベルが低くても、レベルの高い人たちに囲まれていると、短期間で成長することができるのです。

たとえば、お金持ちになりたくて、あるお金持ちの社長に近づいたとします。その社長にあなたが気に入られて、いつも一緒にいることができたとします。

お金持ちの社長の友達は、たいていお金持ちの社長です。

こうして、あなたはいつもお金持ちの社長に囲まれているうちに、お金持ちの人たちの思考、習慣、実行していることが見えてきます。お金持ちになることのハードルが下がってきて、「自分でもできるかも」と思えるようになってきます。

場合によっては、彼らお金持ちの社長がサポートしてくれるかもしれません。

その結果、あなたはドラクエのように、そのレベルでは決して体験できないような経験値が積めて、最短でお金持ちになれるのです。


夢を叶えたり、大きな目標を達成するのに最も大切なこと。

それは、才能でも、努力でもありません。

すでに、その夢を叶えたり、目標を達成している人に近づくことです。

「私にはどうせ無理」とあきらめないでください。

すでに叶えている人たちに近づけば、無理なんてことはないのです。

あなたがセミナー講師になりたいのなら、セミナー講師でブレイクしている人のところに行けばいいのです。

私のところには、カリスマ講師になりたいという方がたくさん来ます。

ビジネスで成功させたいのなら、すでに成功している人のところに行けばいいのです。

とにかく、その環境にどっぷりつかる。

それが最短・最速でレベルを上げ、ゴールに到達するポイントです。

よりレベルの高い人と一緒にいましょう。


しかし、ひとつだけ、人生にはゲームにない恐ろしいことがあります。

それは、「レベルが下がることもある」ということです。

高校時代は部活で一所懸命やっていたけど、大学に入ってからは、部活もサークルもバイトもやってなくてダラダラしている。

入社時は、仕事をがんばっていたけど、最近は「いかにサボるか」ばかり考えている。

そうすると、体力も筋力もモチベーションも下がります。

仕事の感覚も、腕もサビつきます。つまり、レベルが下がるのです。

ゲームは、何もしなくてもレベルは下がらないけれど、人生はレベルが下がるのです。

だから、人生にレベルが一定ということはありません。上がるか、下がるかです。

レベルが上がる人にどんどん近づいて、人生を楽しんでください。

20倍の成果を出す究極のプレゼン術

あなたが、いまの仕事で営業をしている。

あるいは、これから自分が独立する可能性がある。

だとしたら、あなたに最優先で身につけてほしいスキルがあります。

それがプレゼン術です。しかも、ここでいうプレゼン術は、あなたがセミナー講師もやれるようになる「パブリックスピーチ」のプレゼン術です。

これができるかできないかで、人生は劇的に変わります。

営業をしている方は、お客様からより商品を購入してもらうことが大切です。独立する場合も、新規でお客様がとれるかどうかが大切です。すなわち、新規獲得と売上です。

これを最速・最大に上げる方法がプレゼン術なのです。

私は、これでいままでの20倍の成果を出すようになりました。


以前、私は法人営業をしていました。

1日平均3～4社訪問し、年間30件ほどの契約を取っていました。

一度の訪問だけでは契約は取れませんので、1社に対し、5回も6回も訪問します。

それに、訪問したすべての会社の契約が取れるわけではありません。10社訪問して2～3社が契約につながりますが、残りの7社は予算がなかったり、ライバル会社にとられてしまったりで、失注していました。

そんな状態から抜け出したのが、このプレゼン術でした。具体的な手順はこうです。

（1）お客様に役立つセミナーを無料で開催する

（2）1時間、実際にセミナーをする

（3）セミナー終了後、20〜30分、商品のプレゼンをする

このプレゼンだけで、私は多いときで一度に32社の受注を獲得しました。いままで1年かけて30件だったのが、たった1回で32件です。

しかも、一社一社訪問していたときよりも、セミナーでプレゼンしたときのほうが、値引きなし、高額で受注が取れました。労力と売上を考えると、20倍を超える成果です。

高額で受注が取れるには理由があります。訪問営業したときの私は、単なるイチ営業マンでしたが、セミナー・プレゼンしたときの私は「先生」になるからです。

同じ営業をしているのに、まったく格が違うのです。そのために、値引きされることなく売れるのです。

あなたが営業で頭打ちを感じていたり、一気に飛躍して売りたいのでしたら、セミナーをやって売ることをおススメします。

そして、それに必要な最適なプレゼン術を身につけましょう。

具体的にプレゼン術を身につける方法は、次のページから説明します。

売り込まずに、お客様を楽しませるだけで売れるプレゼンの極意

人は誰もが売り込まれるのを嫌がります。

だから「さぁ、売り込むぞ!」というプレゼンはNGです。

相手に学びと気づきと笑いを提供しながら、必要性を感じてもらって、お客様から「ぜひ欲しい! 買いたい!」と思ってもらうプレゼンが、これからは求められます。

では、そのプレゼンは、どうやればいいのか?

簡単です。人が喜んで買いたくなる6つのステップを踏めばよいのです。

本書は、プレゼンの本ではないので、ここでは簡単に説明します。

（1）商品ではなくお客様が困っていることを解決するための学び・気づきを提供する

「このダイエット商品が凄い！」「おススメ！」というのではなく、

「焼き肉・ケーキを食べても太らない人と、ダイエットをしても痩せない人の違い」

「太らない体質に生まれ変わる3つの方法」

といった、知識（コンテンツ）を提供します。

（2）エンターテイメントの要素を入れる

単に知識として提供すると堅苦しくなるので、ここにエンターテイメントの要素を入れます。具体的には、「○×クイズ」にしたり、ゲームにしたりするのです。

「たくさん食べても太りにくいのは、朝食や夕食よりも、昼食である。○か×か？」

「ダイエットで基礎代謝を上げるために、筋トレをしたら冷え性になりやすい。○か×か」

このように○×クイズにすることで、より興味深く、主体的にお客様が学べるようになります。

（3）感情豊かに話す

学びとエンターテイメントの要素を入れたら、それを感情豊かに、声にメリハリをきかせて話します。クイズを出すときは、盛り上げるような話し方で、正解を語るときは、少しためてから話します。プレゼンターの感情が、お客様の感情に伝染します。

お客様をワクワクさせたければ、あなた自身がワクワクした感情で話しましょう。

（4）困っていることを解決するため「より〇〇なのが、この商品」と商品の紹介をする

先ほどのダイエットでお客様が困っていて、その解決策となる情報や知識をセミナーでお伝えします。

その上で、あなたの扱う商品やサービスを使うと、「より〇〇する」と言えることを考えます。〇〇に入る言葉は、「より時間をかけずに」とか「より楽しみながら」とか、問題解決を加速させる言葉を入れて、商品をご紹介します。

（5）その商品を使うことで、お客様が具体的にどんな未来を手にできるのかを話す

そして、その商品を使うことで、お客様は将来どのような未来を手にできるのか。その具体的なイメージをお伝えします。

（6）ライバルが多い場合、同業者にない強みや魅力にフォーカスする

さらに、競合が多い場合は、競合にはない強み、魅力にフォーカスし、それも語ります。


これが、売り込まないのに、ついつい売れてしまうプレゼンです。

実際はもっとこまかいステップでメッセージを入れるのですが、とりあえず、この6つのポイントをおさえておくだけでも、かなり効果が上がります。

このなかでポイントは、（1）と（2）の部分です。ここが膨らめば膨らむほど、お客様の満足度と共感度は上がります。

すなわち、商品の凄さを伝えるのではなく、問題解決のコンテンツをエンターテイメント風に提供していくということです。この方法は、かなり効果的です。

このやり方で、ある生命保険のセールススタッフは、営業売上を2倍にしました。

まったく売れなかった自動車のセールスの方も、この方法を使ってブレイクしました。

この方法を使って、トップセールスでも1・5万円売るのがやっとのアロマ商材を一度に20万円売ってしまった方もいます。

それぞれ、一切売り込みしないのに、です。


ちなみに、これらのエンターテイメント型の売り込まずに勝手に売れてしまうプレゼン技法をエンタメプレゼン®と呼びます。


エンタメプレゼンは、現在、アナウンサーやプレゼン教室の先生、トップ研修トレーナー、トップセールスパーソンなど話のプロや営業のプロたちもが学びに来られています。

クイズ、ゲーム、ドキュメンタリーなどすでにテンプレート化されたものにあてはめていくだけで、すぐに学びのエンターテイメントプレゼンが完成します。

私が開発したメソッドですが、YouTubeでも「エンタメプレゼン」と検索すれば出てきますので、よかったら見てください。

第6章

どこでも通用する、自分ブランドのつくり方

3か月でブランド人になろう

「いまの会社で、もう少しがんばる」

「心機一転、転職する」

「思い切って、独立する」

どの道に進むとしても、共通して、この3か月で形にしてほしいものがあります。

それは、「あなたというブランド」です。

あなたがブランド人になると、人生は劇的に変わります。

数多くのライバルのなかで、お客様からあなたが選ばれやすくなります。

企業のネームバリュー、規模では負けるかもしれませんが、個人のネームバリューで勝てる可能性も出てきます。あなた自身のことを好きな人が集まりやすくなってくるので、仕事もしやすくなります。

「会社」というブランドは、あなたが仮に会社を辞めたとしたら、今後の仕事には活かせなくなります（元〇〇会社の社員というのが、多少プラスになることはありますが）。

しかし、「あなた」というブランドは、会社を辞めて新しい会社に行っても、独立しても、そのまま使えます。

また、そのままいまの会社で続けていく場合も、あなたというブランドができると、会社としても大きなプラスになります。あなたというブランドがあるから、いまの会社の商品が売れやすくなるのです。

ブランド人は、業界内で少し名が通るようになります。

「〇〇社の〇〇さんって知ってる？」と、お客様や同業から噂になったりもします。

噂になるレベルだと、話が早くなります。アポイントもとりやすいですし、契約にもつながりやすくなるからです。

場合によっては最初から信頼されて、取引額が高くなることもあります。

よく「実績がないから、仕事が取れない」という方がいますが、実績もブランドのひとつにすぎません。

実績がなければ、実績に変わるブランドをつくればいいのです。

いまから3か月で自分ブランドをつくりましょう。

そして、ブランド人の仲間入りをしましょう。


では、そもそもブランドとは何でしょうか。

この本はブランド論の本ではないので、簡単な私の定義で説明します。

「ブランドとは、特別な価値を感じさせるイメージ」です。

お客様が、その名前を聞いたときに特定のイメージがわく状態です。

しかも、そのイメージがお客様にとって価値を感じるものである。

これが「ブランド」と私は解釈しています。

特別の価値は、「絶対に壊れない」「最高のホスピタリティ」「持っていることがステイタス」「特別な思想・哲学」など、それぞれ異なります。

ルイ・ヴィトンもフェラーリも、それぞれ特別の価値があります。単なるバッグ、単なる車とは違う価値があるから、値段が高くても、飛ぶように売れるのです。

ブランドがあれば、次々とお客様や仕事の依頼がやってきます。
ブランドがあれば、同業と比較されることがどんどんなくなってきます。
ブランドがあれば、高額でもあなたのことを選んでくれるようになります。

私自身、講師・コンサルタントをやったり、講師をプロデュースする立場なので、これまで1万5千人以上の講師たちを見てきましたが、ブランド化した講師は皆、特別な価値を持っています。

受講者からしたら、同じ科目・テーマを教えられる先生なんて山ほどいるのに、「ほかの先生じゃダメ！　絶対に○○先生から受けたい！」となる場合も多いのです。

講師料や受講料が高くてもいいから、「この先生にお願いしたい！」というブランド講師・

コンサルタントが山ほどいます。受講料・講師料が同業や相場価格の5倍や10倍でも依頼が殺到しています。

このように、これからの時代は個人もブランドになるのです。

しかも、これは講師やコンサルタント業だけにとどまりません。営業マンから事務職まで、今後はどんどん自分ブランド化が進んでいくでしょう。

会社もどんどん副業化が進んでいきます。

本業も副業も、自分ブランドがある人は強いです。

だから、あなたも自分ブランドをつくってください。

「理想の自分ブランド」のイメージを考える

ブランドの大切さを理解したら、次は理想の自分ブランドのイメージを考えることです。

「ブランドはイメージである」と前述しました。

マインドマップ開発者で、脳と学習の権威、トニー・ブザンは「脳の第一言語はイメージと連想である」と述べています。

脳は、イメージと連想という機能を使って思考しています。

何かを思い出すときも、「あ、そうそう！ 野球で思い出した！ この前一緒に東京ドームに行ったとき、お金借りたよね？」と、イメージと連想で思い出します。

アイデアを考えるときも、イメージと連想で発想します。
人を見て判断するときも、イメージと連想で判断します。
何かを考えるとき、常にイメージと連想で考えるのです。
ブランドを考えるときも一緒です。
お客様やまわりの人たちに、「あなた＝どのようなイメージ」と連想をさせたいのか。
それを先に考えます。

「○○さんと言ったら、見た目が怖いし、私たちに厳しいけど、絶対に約束を守る人」
「○○さんと言ったら、ひとつ仕事をお願いしたら、三手先まで考えて、ベストな形でやってきてくれる人」

これらはすべて「○○さんのイメージと連想」です。
ここに、ほかの人にはない特別な価値があったら、それはブランドになります。
そこで、まずは、あなたがどのようなブランドイメージと連想を持たれたいのかを考えてみましょう。

どのようなイメージを持たれたいのかは、複数あって構いません。最初はいくつでも書き出してみましょう。

「○○さんって、知的でクールだよね」
「○○さんって、おちゃめだよね」
「○○さんって、セクシーだよね」

このような人間的魅力も大きなイメージの特徴になります。

ほかにも、

「○○さんって、メッセージ送ったら、即レスしてくるよね。依頼した仕事も24時間ででてくるし、超速い人だよね」
「○○さんって、激アツな人だよね。こっちはテンション低めでも、○○さんがいると、ついこっちもテンション高くなって、激アツになるよね」
「難攻不落の企業様に行くときに、絶対に頼りになるのが○○さんだよね。○○さんが同行してくれたら、たいてい先方も落ちる（取引してくれる）もんね」

といった、仕事での魅力も、イメージをつくるときの重要なポイントとなります。
これらの魅力や強みは、いまのあなたとは違うものかもしれません。でも、それでも構いません。

まずは、理想の自分のブランドイメージ像を考えることが大事なのです。

あなたの理想の「人間的魅力」と「仕事の魅力」の両方を書き出してみましょう。
そして、書き出したら、そのブランドイメージをまわりに与えるために、どう見せて、どう行動していくか、逆算して考えていきます。

ブランドイメージは「人間的魅力」と「仕事の魅力」でつくられる

前のページで少し触れましたが、ブランドイメージは2種類の組み合わせによってつくられます。

それは、「人間的魅力」と「仕事の魅力」です。

できるビジネスマンを目指す人は、意外と仕事の魅力だけを強化して打ち出します。

マーケティング的に言うと、ベネフィットと呼ばれる部分です。

「売上を1・5倍上げます」

「1日で仕上げてきます」

「月間売上300万円以上、全員必達で社員を育てます」

たとえば、これらがベネフィットです。

お客様や上司からしたら非常に頼もしいですし、利益になります。

もちろん、これはこれで重要です。

だから、仕事上の魅力をつくって、打ち出していきましょう。


しかし、仕事の魅力（ベネフィット）だけだと、自分ブランドは弱いです。

実際に、ベネフィットだけだと人間的な深みが見えないので、そのベネフィットを達成してしまうと、取引先との関係が切れてしまうようなこともあります。

そのため、人間的魅力も組み合わさった自分ブランドを持つ人と比べて、リピートが弱い傾向があります。

だから、ベネフィットに加えて、人間的魅力＝「あなたらしさ」を加えましょう。

「あなたらしさ」が入ることで、あなたという魅力は増します。

「おっちょこちょい」「知的」「ゴージャス」「バカポジティブ」「毒舌だけど憎めない」「セ

クシー」……これらは、ほんの一例ですが、こういった人間的魅力が入ることで、自分ブランド力は一気に上がるのです。

では、「人間的魅力」と「仕事の魅力」を組み合わせてみましょう。


「知的でクールに、売上を1・5倍上げる」

「バカがつくほどポジティブで、仕事は必ず1日以内で仕上げてくる」

「おっちょこちょいでセクシー、月間売上300万円以上、全員必達の社員を育てられる」


こうなると自分ブランド力が、ぐっと高まるのがわかりますか？

人間的魅力と仕事の魅力が組み合わさると、魅力的なキャラクターになります。

魅力的なキャラクターこそが、最高の自分ブランドです。

マンガのキャラクターも常に、この2つの組み合わせで成り立っています（例：ヒーローものなら『人間的魅力』＋『必殺技』）。

この3か月間で、人間的魅力と仕事の魅力の両方を引き出していきましょう。

小さなことでもいいから、実績と強みを箇条書きにしてみる

では、仕事の魅力から見ていきましょう。

理想の自分ブランドイメージをつくったら、そこから逆算して、自分の仕事の強みをつくりだします。

すでに実績や自分の強みがあるなら、それを書き出してください。

・大手企業〇〇社の担当をしていた（大物実績）
・これまで営業7年、企画3年、総務2年の仕事をしている（キャリア年数実績）

・累計1520回○○をおこなっている（累計、延べ数実績）
・12社にアプローチして9社受注（高確率実績）

実績はできるだけ、数字で表しましょう。
同様に、自分の強みも書き出してみましょう。

・会議でメンバーが話し合った内容を、端的にパワーポイントにまとめられる
・パワーポイントでアニメーションを入れて、エンタメ風にプレゼンができる
・自社と他社の商品の違いを1枚の比較表にできる
・気難しいお客様と5分で打ち解けられる
・電話でアポイントがとりやすいトークスクリプトをつくれる
・1日に100件電話をかけて、5件の新規訪問アポイントがとれる

強みも、具体的かつ細分化して書き出してみてください。

細分化とは、「パワーポイントが使える」ではなく、
「議事録を1枚のパワーポイントにできる」
「新卒採用説明会で、学生にウケるアニメーション入りパワーポイントをつくれる」
というように、こまかくします。

強みは箇条書きでいいので、とにかく10個、30個、50個と、思いつく限りびっしり書き出してみてください。

ちなみに、前職もあるなら、前職時代のものも一緒に書き出してください。

なぜなら、前職だろうと、いまの仕事であろうと、あなたに関することに変わりはありません。仮に、まったく異なる業種の仕事であっても問題ないので、一緒に書き出してみましょう。

実績に自信がないのなら、あなただけの「人一倍」をつくる

「実績があまりない」

「できることが思いつかない」

そう思われた場合も、問題ありません。

実績もできることも、いまからつくればいいのです。

自分ブランドづくりに必要な仕事の強みは、あなただけの「人一倍」をつくることです。

「人一倍○○できる」

この○○に入る言葉を考えてみましょう。

「人一倍、速くできる」

たとえば、今日から何でも人一倍速くやるようにします。

メッセージは、人一倍即レスする。会議中に必要なものが出たら、その場で電話をしたり、ネットで発注する。ほかの人が1日かかる仕事を半日で終わらせるようにする。

スピード最優先で進めるようにして、自分の仕事上の特徴を際立たせましょう。

「人一倍、何度も修正して最高のものを完成させる」

依頼を受けた仕事は何度も修正し、ベストのものを常につくるように心がけます。

上司でも、お客様でも、ほんの些細な部分でもいいから、修正・改善点はないか聞いて、細部にこだわり、面倒くさがらずに、喜んで最高のものを完成させるようにします。

「人一倍、動ける」

1日4件の訪問アポイントが平均なら、自分は常に1日6件、無理をして8件まわるつもりで動くようにします。遠方のお客様からご依頼があったときも、即日、北海道や九州でも、日帰りで訪問するくらいのフットワークを売りにします。

「人一倍、何でもかんでもメモする」

会議の際も、すべてをことこまかくメモをする。録画、録音しておく。

それを毎回、直後にメモ、写真、動画を送る。「先週の会議のとき、あの話は、どうなっけ？」と言われたら、すぐにこまかく完璧にまとめたメモを取り出す。


これらはほんの一例ですが、あなたの「人一倍」を、まずはつくっておきましょう。

その人一倍に関することは、ほかの人から見たら「やりすぎ」「クレイジー」と思われるくらい徹底的にやる。極端にやればやるほど、まわりには記憶に残ります。

今日から、「人一倍○○」を実行してみてください。

3か月も徹底してやっていれば、必ずそれはブランドになります。

あなたが強化すべきポイントを把握する方法

ここまでお読みのあなたは、理想のブランドイメージを設定し、現在の実績、自分の強み、そして「人一倍〇〇」を考えて、書き出してきたかと思います。

もしまだの部分があったら、ぜひ読むのを一度とめて、書き出してみてください。

そして、それぞれ書き出しを終えたら、あらためて「理想の自分ブランドのイメージ」を見てください。

とくに、ここでは「仕事上の魅力」にフォーカスします。

「難攻不落の大手企業でも落とせる」「同行営業で不可能を可能にする」が、理想の自分ブランド上の仕事のイメージだとしましょう。

その場合、難攻不落の大手企業を、より確実に落とすためには、どのような言動、能力が必要なのか分解してみます。

「物おじしない精神力」
「大手企業の特性を知っている」
「気難しいお客様が相手でも、距離感を縮められるコミュニケーション力」
「相手のベネフィットと結び付けて話す、提案力」

たとえば、こんな感じに書き出してみます。

そうしたら、「現在の実績」「自分の強み」「人一倍○○」で書いたこと、この3つのすべてを使っても解決できないものはどれかを、探します。

「物おじしない精神力」↓**物おじしてしまう**
「大手企業の特性を知っている」↓**これまでの実績と経験がある**
「気難しいお客様が相手でも距離感を縮められる、コミュニケーション力」↓**できる**
「相手のベネフィットと結び付けて話す、提案力」↓**人一倍相手のベネフィットにつなげることを意識し始めている**

この場合、「物おじしない精神力」の部分が課題です。

そうであれば、この部分を次に強化するようにします。

「物おじしない精神力を身につけるには、どうすればいいのか？」

これを考えればいいのです。


「大企業に訪問する機会を増やす」

「アクの強い、プレッシャーを受けるお客様のところへの訪問回数を増やす」

「社長の友達をつくる」

「アウェイのイベントに参加する」

そして、物おじしない精神力を鍛える場所にできるだけ身を置くようにします。
会社で営業をしているのなら、大企業へのアポイントをガンガンとってみる。
お客様のなかで、アクの強い人のところに頻繁に訪問する。
社長が集まるイベントやコミュニティに参加し、次々と個別に社長たちにアプローチしてみる。

こうしてみると、できることはたくさんあるのです。

この3か月、「人一倍〇〇」と、「物おじしない精神力を鍛える行動」をし続けたら、理想の自分ブランドに、あなたも確実に近づけます。

常に、理想を具体的に設定し、逆算して行動していきましょう。

短期間でカリスマになるのに必要な要素とは？

意外に思うかもしれませんが、あなたという人間的魅力も重要なブランドの要素になります。身近なところでいうと、

「あの人は仕事を依頼しやすい」

「あこがれのあの人が依頼を受けてくれたら、ありがたい」

「あの人と仕事ができたら、嬉しい」

と思ったことはありませんか？

これらはベネフィットとは違う、人柄や人間的魅力です。

どんなに仕事ができる人でも、「あの人は、とっつきにくい」「一緒に仕事をしていても、面白くない」「不快になる」と思われたら、依頼されなくなります。

いまのうちに、あなたという人間そのものの魅力も高めておきましょう。

私は、これまで古今東西のカリスマ性のある人の研究をしてきました。

そして、自分自身にも、私のクライアントにも、カリスマ的魅力を加えてきました。

その結果、人間的魅力が強烈に増え、短期間で一気に人気者になりました。

そのなかで、簡単に使えるものをいくつかご紹介しましょう。

・光の部分が強い

これは、明るく、パワフルであるということです。

笑顔で元気。ポジティブな言葉を使い、勢いがあると、人は魅了されます。

明るい場、明るい言葉、元気をどんどん提供していきましょう。

もちろん、世のなかにはネガティブなカリスマ（影のカリスマ）もいますが、ネガティブなカリスマは、ネガティブなお客様や仲間を呼び寄せます。

仕事上も人生も、あまりハッピーになれませんので、ここではお勧めしません。

・与え好き

人は、与えてくれる人に魅力を感じます。

前述の「光」という笑顔やポジティブな言動も、じつは「与える」に入ります。

そのほかにも、アイデアを与えたり、困っているときに助けてくれる人を与えたり（紹介したり）、できることをしてあげたりと、ギブアンドテイクではなく、ギブアンドギブの精神で接していれば、勝手に相手はあなたに魅力を感じるでしょう。

ここでのポイントは見返りを求めないこと。

ただ与えるだけ。見返りを求めた時点で、ギブアンドテイクになります。

・愛される弱点がある

マンガの主人公でも、たいていは弱点があります。

弱点があるから愛着もわくし、共感もできるのです。

人間的魅力のある人も弱点をさらけ出します。

人間だれしも弱点はあります。完全・完璧な人間なんていません。

問題は、その弱点とあなたがどう付き合っているか。弱点を認めない。弱点を隠す。それをしている限りは、あなたの魅力は相手に伝わりません。

「天然である」「コミュ障である」「機械音痴である」「不器用である」「チャラい」「物覚えが悪い」……何でも構いません。仕事に悪影響を与えたり、相手を傷つけたりしないレベルであれば、かえってかわいいものです。

弱点は公開しながら、開き直るのではなく、相手に迷惑のかからないよう、場合によっては助けてもらって共感を得ましょう。

・二面性（ギャップ）を持つ

「普段はおとなしいのに、プレゼンになるとパワフルになる」

「普段は頼りないのに、商談のときはリーダーとして次々と契約してくる」

「見た目はかわいくて、ナヨっとしているのに、怖い上司にも堂々と物申す」

その人に対するイメージと、現実に大きなギャップがあると、人は魅力を感じます。

こうなりたいという理想の自分と、素の自分にはギャップがあるかもしれません。

「まわりに見られている自分」と、「こう見られたいと思う自分」にはギャップがあるかもしれません。

そのギャップに悩まされないでください。

そのギャップを逆に武器にしましょう。そうすれば、カリスマ性が発揮されます。

自分ブランドは「シンプル」に

見た目もそうですが、自分ブランドは、シンプルじゃないと伝わりません。

理想の自分ブランドイメージ。そこから逆算された自分の強み、「人一倍○○」など、それらはすべて、シンプルに伝える必要があります。

知的でクールなら、見た目はそれが最もわかる格好にする。

革命的に業界の常識を覆すキャラで行くなら、見た目からそれがわかるようにする。

写真や動画を撮るときも、そのイメージに合った場所で写真を撮るようにする。

それと同時に、強みもできるだけシンプルに伝えます。

ほかにはない自分だけの強みをシンプルに言えるかどうか、がポイントです。

「超スパルタで厳しいけど、社員のメンタルも強化して、月1人平均300万円売り上げる営業チームをつくります」

「○×クイズにしたり、間違い探しクイズにして、クイズ番組のように楽しませるエンターテイメント型のパワーポイントが作成できます」

「医療系のレポートや学術的根拠を、24時間以内に調べる専門家です」

などです。なお、シンプルに伝えるときのコツは、

- **同業や似た仕事をしている人もできそうな部分は、極力カットする**
- **なるべく数字や具体的な言葉を入れる**
- **いま困っていることを、具体的にどう解決できるのかがわかるようにする**
- **なるべく一文で伝わるようにしておく**

この辺をおさえて、あなたのイメージをつくっておきましょう。

自分ブランドの鉄則は、演じて、徹し続けること

ここまで読んで自分ブランドが明確になったら、次に必要なのは「演じる」ことです。
常に、その理想の自分のイメージ像の通りに生きてください。
理想の自分に合ったしゃべり方、書き方、言動をしてください。
徹底的に、その理想の自分をイメージして、その通りになり切ることです。
演技で構いません。
アファメーションをして、自分を洗脳して、徹底的に理想の自分に徹します。

「人一倍〇〇」を設定したら、それを徹底的にやり続けます。

これは鉄の掟です。

朝起きたとき、仕事の合間、夜寝るとき、何度も何度もアファメーションをして、演じ続けてください。仕事の依頼が来たら、徹底的に「人一倍〇〇」を守ってください。

それを3か月間、とにかく徹してください。

その間に必ず、板についてきます。

それが当たり前の自分になってきます。

まわりにも、あなたの設定した理想の自分ブランドが浸透していきます。

こうして、理想の自分ブランドが自他ともに認める「本当の自分」になります。理想の自分ブランドができたことで、あなたは完全に次のステージに移行できるでしょう。

最終章

YouTubeを使って、さらに頭ひとつ抜け出そう

プチ芸能人になるのが、いまの時代は一番強い

セミナー営業、プレゼンと並んで、いますぐやってほしいものがあります。

それは、YouTubeです。

YouTubeは強力な集客ツールでもあり、ブランディングツールでもあります。

いまの職場で、あなたが販売やプロモーションをする立場なら、YouTubeを使ってください。そして、もしもあなたがこれから独立・起業するのなら、すぐにYouTubeを始めてください。

YouTubeはテレビと同じです。

セミナー・プレゼンと同じく、単に商品のPRをするのではありません。

視聴者が困っていそうなことで、あなたやあなたの会社が解決できそうなことをテーマに、豆知識や裏技を提供する動画を出していきます。

1本につき3〜5分程度で構いません。

1本の動画で、必ずひとつは目からウロコのアドバイスがある動画が理想です。

それを何本もコツコツとアップしていきます。

その動画を何本も見てくれた視聴者に、あなたやあなたの会社はどう映るのか。

親近感がわきます。ファンになります。

テレビでよく見る芸能人のような感覚になります。

私は、これを「プチ芸能人効果」と呼んでいます。

「この人に会いたいから、セミナーに行ってみよう」とか、「この会社の商品を買ってみよう」となりやすいのです。

そして、セミナーをやったり、営業で訪問したときには、お客様から「あ、いつもYouTubeに出ている人だ」と思われるのです。

「いつもYouTubeで見ています！　こうして目の前でお会いすると、なんかドキドキしますね」と言われるようになるのです。

まるで芸能人のような感覚です。

もちろん、芸能人ほどの知名度と影響力はないので、「プチ」芸能人効果と呼んでいます。

プチ芸能人効果は、チヤホヤされることが目的ではありません。

距離感が一気に縮まり、信用もされるので、初めてお会いした方でも、すぐに商品を買ってくれます。

つまり、集客もしやすくなるし、商品も売れやすくなるのです。

だから、YouTubeは最高の集客ツールであり、ブランディングツールでもあるのです。

私はいくつかのYouTubeチャンネルを持っているのですが、そのうちのひとつのチャンネルは、１６００万回再生を超えています。

1本の動画の視聴数が、300万再生を超えているものもあります。

ただ動画をアップするだけで、どんどん私のファンが増えています。

そして、セミナーを開催すると、視聴してファンになってくれた方が自然に集まってきてくれるのです。

北海道のセミナーに、高知の方が参加したり、東京のセミナーに、マレーシア、ロサンゼルス、オーストラリアの方が参加してくれたりもします。


私の動画は日本語ですが、YouTubeを使うと商圏が地球上すべてになります。


それを無料で使える。

しかもプチ芸能人効果で、どんどん集客ができ、売上も上がる。

この3か月のうちに、ぜひYouTubeを使ってみてください。

YouTubeを使って、いまの会社とあなたをブランド化する具体的な方法

YouTube を活用する際に、ただ動画をアップすればいいわけではありません。

・あなたやあなたの会社のお客様になりそうな方に、役立つ動画をアップする
・複数本アップする
・ある程度、再生回数を上げる
・ファンになった見込み客のお客様が、あなたの会社の商品やサービスを買えたり、触れたりするための導線をつくる

ということが大切です。

まずは、お客様になりそうな方に役立つ動画をアップしてください。

セミナー・プレゼンと同様、ダイエット商品を販売するなら、ダイエット商品そのもののPR動画よりも、ダイエットで困っている人への痩せる裏技とか、豆知識の動画をアップします。

1本の動画につき1ノウハウ（ひとつは目からウロコのアドバイスがある）にしてください。

2ノウハウ説明するくらいなら、2本に動画を分けましょう。

そして、そういった動画を複数本アップしましょう。

慣れるまでは、週に2～3回アップするのがいいでしょう。

カメラはスマホで十分です。最近のスマホは高画質なので、わざわざカメラを買う必要もありません。

動画をアップしたら、再生回数を上げることも意識してください。再生回数を上げる方法はいくつもありますが、ここでは代表的なものを3つ紹介します。

(1) タイトル

まずは動画タイトルです。

同じ動画でも、タイトルを変えただけでYouTubeの再生回数が4倍増えたこともあります（ちなみにYouTubeは、動画をアップしたあとに、タイトルを変更できます）。

それくらいタイトルは大事です。視聴者が思わずクリックしたくなるキャッチーなタイトルをつけましょう。

(2) サムネイル

YouTubeでタイトルと一緒に動画の画像が表示されますが、これのことです。

この画像がインパクトのあるもので、見たいと視聴者が思うキャッチコピーが入っていると、クリックされやすくなり、再生回数が増えます。

(3) 最後まで動画を視聴してもらう

動画は、つまらなければ最初の2～5秒で簡単に閉じられてしまいます。

あなたがYouTubeにアップしても、その動画を1本最後まで見てもらえるとは限りません。たとえ、たった3分の動画であっても、最初の15秒がつまらなければ、そこで閉じられてしまいます。

だから、最後まで視聴してもらう工夫が必要です。最後まで視聴されると、YouTubeでは視聴維持率が高い動画となり、評価の高い動画となります。

最後まで見てもらうためには、

・視聴者に役立つ情報を、端的にわかりやすく伝える(無駄な情報、挨拶は省く)

・テンポよく、感情豊かに話す（無駄に間延びする時間はつくらない）

最低でも、この2つはおさえておいてください。

あとは何度も自撮りして、動画慣れをしておくことも大事です。

以上を最低限おさえて、あなたもYouTubeにチャレンジしてみてください。

YouTubeをうまく使えば、人生も仕事も劇的に変わります。

あとがき――

おめでとうございます。

ラスト3か月、本書に書かれたことを実行し続けた結果、あなたは充実した人生と自由を手に入れることができました。

3か月前、いまの仕事に限界を感じ、人生の大きな壁にぶち当たっていたかもしれませんが、いまはどうでしょうか？

まわりの環境も変わり、自分も変わり、景色が変わって見えませんか？

同じ職場でも、景色が変わって見えるはずです。

ここからが、あなたの新たな人生の幕開けです。

私はあなたを信用して、本書では、ラスト3か月に必要な内容をつぎ込みました。

冒頭の1万円札の話を、覚えていますか？

本書を読み終わったあなたなら、もう気づかないうちに1万円札をシュレッダーにかけることはなくなったはずです。

きっと変われると確信してください。

いま、あなたはまわりからの信頼と、自分自身への自信、そしてさまざまな可能性を手にしていることと思います。


このままいまの仕事を続けて、さらなる飛躍をするのもいいでしょう。

いまのあなたなら、職場にもっともっと恩返しができることでしょう。


自分の可能性を信じて別の会社に転職をするのもいいでしょう。

でも、ひとつだけ約束してください。

いまの職場は、あなたの人生にとってもかけがえのないところでした。

嫌なこと、つらいこともあったかもしれませんが、あなたに大きな学びと成長を提供してくれた場所です。

転職後に、いまの会社に仇となることはやらないようにしてください。

自分の可能性を信じて、独立を決断するのもいいでしょう。

独立した先にも、無限の可能性があります。

いままでお世話になった人にも、どうか恩返ししてください。

ラスト3か月のあなたのがんばりが、これからのあなたの人生を保証します。

次なるステージで、最高に輝くことを願っています。

渋谷文武

著者プロフィール

渋谷文武（しぶや・ふみたけ）

株式会社インタメプロダクション代表取締役。一般社団法人キャリア教育協会代表理事。

縁もゆかりもない土地、北海道で新規大学市場に参入し、北海道大学、小樽商科大学、公立はこだて未来大学、札幌学院大学、酪農学園大学など道内11大学で講師登壇。「北海道No,1カリスマ就活講師」と呼ばれ、学外での就活講座では、毎回学生を300席満席にする。同時に企業市場に参入し、企業向けコンサル&研修講師としても引っ張りだこになる。

その後、全国区で活動開始。ベストセラー作家、コンサルタント、アナウンサー、タレント、ミュージシャン、セミナー講師、大学講師、予備校講師、研修講師、経営者、士業、スポーツトレーナー、医療関係者、セラピスト、トップマーケター、プロデューサー、研修会社役員、学生、主婦といった幅広い層から絶大な支持を受け、メンターと仰がれている。

自身のYouTubeチャンネル総再生回数は1600万回以上、1動画で300万再生を超える講義動画もある。現在、学生向け、教職員向け、コンサルタント向け、経営者向けの講演、セミナー、コンサルティングをおこなっている。

著書に『カリスマ講師THEバイブル』（サンクチュアリ出版）、『マインドマップ内定術』（日本経済新聞出版社）、『しあわせ内定率が10倍アップ! 就活のトリセツ』（総合法令出版）がある。

いまの職場、ラスト3か月
―「もう辞めてやる!」と思ったときに読む本

2019年3月1日　第1刷発行

著　者　　　渋谷文武

発行人　　　櫻井秀勲
発行所　　　きずな出版
東京都新宿区白銀町1-13　〒162-0816
電話03-3260-0391　振替00160-2-633551
http://www.kizuna-pub.jp/

プロデュース　永松茂久
ブックデザイン　池上幸一
印刷・製本　モリモト印刷

ISBN978-4-86663-066-3

きずな出版

＼＼いますぐ手に入る！／／

『いまの職場、ラスト3か月』
読者限定特典

本書で解説している内容をもっとわかりやすく！

3つの動画・音声教材プレゼント！

1. これを見たら、あなたもパワーがみなぎってくる！
自分の「性格」と「特技」を一瞬で変える
「アファメーション」見本と解説動画

2. どこでも通用する
「自分ブランドのつくり方」音声教材

3. **「あなたもコミュ障から
プレゼンの達人に？！」解説動画**

**特典の受け取りは、
今すぐこちらから！**

https://www.koushi-pro.jp/last3/

※PDFはWEB上で公開するものであり、冊子等をお送りするものではございません。あらかじめご了承ください。